エンゲージメントを促す英語授業

やる気と行動をつなぐ新しい動機づけ概念

廣森友人 Tomohito Hiromori　和田　玲 Rei Wada

大修館書店

はじめに

　スマホを使う時間を減らそう。20 時以降は何も食べないようにしよう。締め切り間際に仕事を片付けるのはもうやめよう。私を含めて，多くの読者が一度は考えたことがあるだろう。そして，そのような決意（？）を実行できず，落ち込んだ経験を持つ読者も少なくないはずだ。

　英語学習も同様である。多くの学習者は，英語ができる（話せる）ようになりたいと思っている。しかし，実際の勉強は長続きしない。このようなある意味「普遍的」とも言える現象は，私たちに重要な事実を突きつけている。それは，私たちが思っていることと実際の行動は必ずしも一致しないということである。

　したがって，近年のモチベーション研究では，行動面を含めて，モチベーションという概念をより包括的に捉えようとする機運が高まっている。そのような中で注目されているのが，本書のキーワードでもある「エンゲージメント」（engagement）である。

　エンゲージメントとは，学習者が夢中になって，目の前の活動や学習に主体的，意欲的に取り組んでいる状態のことを指す。モチベーションが学習者の欲求（desire）や意図（intent）と強く関連しているのに対して，エンゲージメントはそれらを具体化し，維持することで，確固たる学びに結びつけている。まさに「エンゲージメントはすべての学びを定義する」（"Engagement defines all learning."; Hiver et al., 2024, p. 202）のである。

　本書はエンゲージメントの枠組みに基づき，学習者が自ら積極的に英語授業に取り組む教室環境はどのように作り出すのか，そのような学習活動のデザインはどのように行うのか，そして，エンゲージメントの実態を明らかにする研究にはどのように取り組むのか，といったテーマに対して，理論・実践・研究の 3 側面から統合的にアプローチする。教室でエンゲージメントを引き出す英語授業を行いたい，エンゲージメントを研究対象にしたい，そんな教師，教師を目指す学生，研究者を対象としたエンゲージメント入門書で

ある。

　上記の目的を達成するため，本書では，近年のエンゲージメント研究から得られた最新の知見をわかりやすく伝えるだけでなく，英語授業にどのように活かすことができるのか，さらに研究するにはどのような点に留意すればよいのかを，豊富な実践例，研究例を通じて具体的に紹介している。本書を手にした教師や研究者が，エンゲージメントの考え方を取り入れることで，より良い教育実践や示唆に富む教育研究が生まれ，その成果を共有することで，エンゲージングな教育改善の輪が広がることを願っている。

本書の構成

　本書は，3部構成となっている。第1部「エンゲージメントの理論」は，本書の基盤を形成している。このセクションでは，エンゲージメントの理論的背景について解説する。第1章では，エンゲージメントの定義と，この概念に焦点を当てる利点を述べた後，エンゲージメントを4つのレベル（コミュニティ，学校，教室，学習活動）と4つの側面（行動，認知，感情，社会）に分けて整理する。第2章では，学習者エンゲージメントに関する理論的モデルを基に，「何がエンゲージメントを高めるのか（＝先行要因）」，「エンゲージメントが高まると何がもたらされるのか（＝アウトカム）」について，具体的な例を挙げながら説明する。第3章では，授業デザインの観点から，エンゲージメントを高める教育実践の方法をまとめる。特に，エンゲージメントの喚起，維持，土台作りの視点から，注意すべきポイントを整理する。これらを踏まえ，理論編を締めくくる第4章では，エンゲージメントに関する疑問や質問に対する執筆者らの答えを示す。エンゲージメントという概念に初めて触れる読者でも，第1部を読むことで，エンゲージメントの基礎・基本とその魅力を十分に理解できるはずである。

　続く第2部「エンゲージメントの実践」では，エンゲージメントの喚起・維持を意識した授業実践例を6つ紹介する。第5章では，小学校での実践を取り上げる。仲間との協働と自己選択・自己省察の促進を通じて，児童生徒のエンゲージメントの向上を試みる。第6章・第7章では，中学校での実践例を提案する。前者はエンゲージングな文法指導について，後者は思考プロ

セスと意見発信を誘発する文学実践についてである。第8章・第9章は，高校での取り組みを紹介する。前者は，内容言語統合型学習（CLIL）を通じて，エンゲージメントを引き出す試みである。後者は，英語が苦手な生徒たちの積極的関与を高める授業デザインと学習支援の方略に焦点を当てる。第10章では，協同学習の理論を取り入れた大学での授業実践とその成果を示す。授業デザインの観点は，実践者の文脈的ニーズと教師信念の違いによって大きく異なる。第2部では，各実践者によって経験された「異なり」が我々に教室のリアリティーを伝え，それがもたらす固有の示唆に触れることができるだろう。

　最後の第3部「エンゲージメントの研究」では，小学校から大学までの学習者エンゲージメントに焦点を当てた研究事例を紹介する。各章では，様々な教育環境を対象に，多種多様な研究目的（仮説生成型，仮説検証型など）と研究方法（アンケート調査，インタビュー調査，実験研究，介入研究，縦断研究など）を用いた実証研究を6つ収録している。エンゲージメントの構成要素は何か，エンゲージメントはどのように発達・変化するのか，活動に積極的にエンゲージする学習者にはどのような特徴が見られるのか，教室外での学習者エンゲージメントはどのように調査するのかなど，各章の研究例からは，自分自身でエンゲージメントに関する研究を進める際のヒントを多く得られるはずである。

　最後になるが，本書の出版にあたっては，企画段階から編集の最終段階まで，大修館書店の北村和香子氏に全面的にお世話になった。北村氏の専門的な知識と経験豊かな視点からの的確なアドバイスや助言のおかげで，原稿がとても読みやすくなった。ここに改めて感謝申し上げる。

目次

第3部 ｜ **エンゲージメントの研究**

第1部
エンゲージメントの理論

第1部では，学習者エンゲージメントに関する基本的な理論を紹介します。エンゲージメントの定義，エンゲージメントの先行要因と結果要因，エンゲージメントを引き出す教育実践について，具体的な例を挙げながら説明します。初めてエンゲージメントに触れる読者でも，この部分を読むことでエンゲージメントの基本と魅力を理解できます。

1 エンゲージメントとは何か？

1 「エンゲージメント」の意味

　「エンゲージメント」（engagement）とは，一言で言うなら，何かに没頭している状態のことである。目の前の課題に集中し，注意を向け，興味を持ち，目標達成に向けて持続的に努力する。そこでは，時として時間が経つのも忘れ，周りの雑音が全く気にならないほど夢中になることもある。このような状態がまさにエンゲージメントである。

　このように書くと，エンゲージメントを定義することは一見簡単に思えるかもしれないが，実際にはそうではない。その理由の1つは，後述するように，エンゲージメントが実際の行動といった目に見える「外的側面」と，認知や感情などの目に見えない「内的側面」の両方から成り立っていることによる。このため，実際には異なる対象を指しているのに同じ用語が使われることがある。例えば，「参加」という言葉が，単に物理的にその場にいること（外的側面）と，活動に意欲的に関与していること（内的側面）の両方を指すことがある。逆に，同じ対象を指しているのに異なる用語が使われることもある。例えば，学習者が授業に「集中している」と言う場合，これは「積極的に参加している」と表現されることもある。このような現象は「ジングル・ジャングルの誤謬」（Jingle-Jangle Fallacies）と呼ばれ，用語の混乱を引き起こす原因となっている。

　そのような状況に対して，2012年に出版されたハンドブック *Handbook of Research on Student Engagement* では，編者のクリステンソンらが所収された計39編の論文を包括的にレビューし，同書のエピローグにおいてエンゲージメントを次のように定義している。

　学習者エンゲージメントとは，学習者が学業や課外活動，あるいは学校関連の活動に積極的に参加し，教育目標や学習に深く関与することを指す。エ

ンゲージした学習者は，学習に意義を見出し，自分の学習と将来に投資している。これは行動（学業も含む），認知，感情という分類からなる多次元的な構成要素である。学習者エンゲージメントは学習を促進し，エネルギーと努力を必要とし，複数の文脈的要因に影響を受け，すべての学習者に達成可能である。(Christenson et al., 2012, pp. 816–817; 著者訳)

　上記の定義づけから，エンゲージメントが有する中核的な意味は「積極的な参加，関与，取り組み」であることがわかる。この点が，類似した概念である「モチベーション」との大きな違いである。一般に，モチベーションは行動に向けたやる気を指すが，エンゲージメントは行動そのものを指す。

　Al-Hoorie (2018) が行った研究は，この区別が非常に重要であることを示している。彼はメタ分析（複数の研究成果を要約・統合する統計的な手続き）を用いて，32,078 名の英語学習者を対象にした 32 の研究を体系的に分析した。その結果，「英語を頑張って勉強していると思う」といった主観的な認識（つまり「やる気」）は学習成果とほんのわずかな相関 ($r = .12$) しかないことを明らかにしている。これは，私たち英語教師が効果的な学習支援を行うためには，学習者のモチベーションを高めるだけでなく，そのモチベーションを実際の学習行動（エンゲージメント）に結びつけるサポートが必要だということを意味している。

　エンゲージメントはもともと，ビジネス場面でのワーク・モチベーションの研究から始まったが，学校教育，特に外国語（英語）授業において，この概念に注目することは大きな利点をもたらす。Mercer and Dörnyei (2020, pp. 4–9) は，その理由を次の 3 点から説明している。

(1) 現代のデジタル社会では，若者は SNS を中心に多くの魅力的な情報に囲まれている（これは教育的には阻害要因となることもある）。このような環境では，学校の教室で学習者の注意を引き，積極的な参加を促す「仕掛け」が必要であり，エンゲージメントはそのような取り組みに適している。

（2）エンゲージメントは，学習者が動機づけられた状態を行動，認知，感情など多面的な観点から捉えることができ，学習者の学びをより豊かに記述，分析し，理解することができる。

（3）「学習者のエンゲージメントを高める／引き出す」という考え方は，教師や他の第三者による介入（指導）の可能性を意味しており，教育実践上，多くの教師にとって魅力的である。

このように，エンゲージメントは実践的で「教師に優しい」（teacher-friendly; Mercer & Dörnyei, 2020）特性を持つ魅力的な概念だが，この概念は単独で存在しているわけではない。すなわち，先に述べた定義にもあるように，エンゲージメントは複数の文脈的要因の影響を受けている。次の節では，学習者エンゲージメントが埋め込まれている文脈を 4 つの階層（レベル）に分けて考察していくことにする。

2　エンゲージメントの縦軸—4 つの階層

エンゲージメントという言葉は，英語の「エンゲージ」（engage）という動詞に由来している。この言葉には「〜を引き込む」「〜を魅了する」という意味がある。このことから，エンゲージメントについて考える際には，対象（学習者が何にエンゲージしているのか）を明確にすることが重要である。次ページの図 1–1 に示すように，エンゲージメントは入れ子構造になった 4 つの階層（レベル）から成り立っており，これらの階層は互いに影響を及ぼしながら，エンゲージメントの様態を規定している。

最も上位のレベルには，地域の自治会・町内会，NPO 組織，拡大家族（親と，結婚した子供の家族などが同居する家族形態）など，学習者が置かれたコミュニティへのエンゲージメントがあり，この中に学校も含まれる。このようなコミュニティでの活動は，特に年少者の健全な成長と発達を促進し，思春期に起こりうる危険な行動（非行や薬物使用など）から彼らを守ることにもつながるとされている（Morrison et al., 2002）。

第 2 のレベルにおける学校へのエンゲージメントとは，学習者が学業，生徒会，部活動，課外活動などの学校活動に参加することを指す。このような

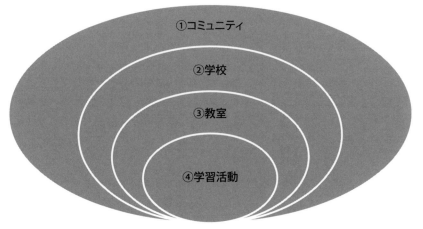

図 1-1：エンゲージメントの 4 つの階層
(Skinner & Pitzer, 2012; Skinner & Raine, 2022 を参考に著者作成)

学校との関わりは，学校への帰属意識を高め，周囲からの疎外感を軽減し，欠席，留年，中退などを防ぐ効果がある。教育学や教育心理学など，学校教育全般を対象とした分野でのエンゲージメント研究は，このレベルに関連したものが多く，特に海外では，学校へのエンゲージメントを促すための介入プログラムが数多く提案されている（Fredricks et al., 2019; Reschly et al., 2020）。

　一方，日本国内でも，例えば近年の新型コロナウイルスの感染拡大に伴う学校の長期休業を通じて，「学校は学習機会と学力を保証するという役割のみならず，全人的な発達・成長を保証する役割や，人と安心・安全につながることができる居場所・セーフティネットとして身体的，精神的な健康を保証するという福祉的な役割をも担っていることが再確認された」（中央教育審議会, 2021, p. 7）と指摘されている。このことから，地域における学校の存在と，学校へのエンゲージメントが果たす役割は非常に大きいと言える。

　第 3 のレベルは，教室へのエンゲージメントである。これは学校という大きな組織の中で，特定の教室という小さなコミュニティに参加することを指す。このレベルの相互作用（やり取り）には，教師や友達，周りのクラスメートだけでなく，カリキュラムなども含まれる。この段階で十分なエンゲージ

メントが実現できれば，授業の単位を落とすことや落第することを防ぎ，高い学業成績を達成することが期待できる。

　最後に，最も下位のレベルとして，学習活動そのものへのエンゲージメントがある。これは授業中の特定の活動や課題（タスク）に，学習者が積極的に取り組むことを意味する。英語授業の観点から言えば，質の高いエンゲージメントは，言語の積極的な使用や深い理解を促し，結果として，高いパフォーマンスにつながると考えられる（Philp & Duchesne, 2016）。

　これまでのエンゲージメントに関する研究は，上記に示したように，階層化された4つの文脈を幅広くカバーしている。研究が行われる文脈や焦点は様々であるため，研究によって異なる側面が強調されたり，異なる成果が重視されたりすることもある。それらに対して，本書では，とりわけ教室で行われる学習活動に対する学習者のエンゲージメント（すなわち，第3と第4のレベル）に焦点を当てる。その理由は，本書のテーマでもある「エンゲージメントを高める英語授業」を実践するにあたっては，このレベルにおけるエンゲージメントがより重要な役割を果たすと考えるからである。

　ただし，エンゲージメントの4つの階層は，すべてが相互に影響を及ぼし合っていることには留意すべきである。例えば，学校へのエンゲージメントが高い学習者は，一般的に，多くの教科に対して高い関心を持って取り組んだり，授業中もその興味が持続したりといったことが多い。その意味で，上位レベルのエンゲージメントは下位レベルのエンゲージメントに対して，トップダウン的な影響を与えている。同様に，英語（国語や数学でも構わない）の授業で充実した学習を繰り返し経験することによって，教室や学校へのエンゲージメントが高まっていくといった，ボトムアップ的な影響も考えられる。エンゲージメントは，個人と周りの環境の相互作用によってダイナミックに規定される概念だと言える。

3　エンゲージメントの横軸—4つの側面

　エンゲージメントに関する研究は，コミュニティ，学校，教室，学習活動という4つの異なる文脈にわたって広範囲に行われている。その結果，エンゲージメントの定義やそれが指し示す内容は非常に多岐にわたっている。し

かし，これまでの研究で繰り返し注目されてきた要素もある。それはエンゲージメントの４つの側面，つまり行動的，認知的，感情的，そして社会的エンゲージメントである（図1-2参照）。以下では，主に学習活動レベルのエンゲージメントを念頭に置き，各側面について具体例を交えて説明する。

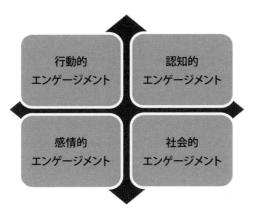

図1-2：エンゲージメントの４つの側面

3.1　行動的エンゲージメント

　「行動的エンゲージメント」（behavioral engagement）とは，課題への積極的な参加のことであり，特定の対象に対して注意を向け，努力し，粘り強く取り組んでいる状態を意味する。もともとエンゲージメントは，実際の行動に焦点を当てた概念であることからも明らかなように，エンゲージメントを構成する要素の中でも，行動的エンゲージメントは中核的な位置づけを果たしている。

　Wong et al.（2023）はエンゲージメントの３つの側面（行動的，認知的，感情的）と学習成果の関連を調べた137の研究（計158,510名を対象）をメタ分析した。その結果，行動的エンゲージメントが学習成果と最も強い相関（$r = .39$）があったことを報告している。この研究からも，行動的エンゲージメントは，学習の成果を予測する重要な要因だということがわかる。

　一般的に，学習者が行動的にエンゲージしている状態を測定するには，「どのくらいの時間，課題に取り組んでいたか」「パートナーとのやり取りで，ど

のくらいの発言数があったか」など，実際に観察できたり，数量化できたりする指標が用いられる。後者を例に挙げると，目標言語をできるだけ多く使ってやり取りしていたり（＝発話量が多い），話し手と聞き手が頻繁に交代しながら活動に取り組んでいる（＝ターン数が多い）場合，そのペアは行動的エンゲージメントが高いと判断される。

　ただし，発話量やターン数が多いからといって，必ずしも深い思考を伴っていたり（認知的エンゲージメントが高い），活動に肯定的な感情を持っている（感情的エンゲージメントが高い）とは限らない。つまり，学習者の取り組みが「本物のエンゲージメント」（real engagement; Mercer et al., 2020）かどうかを見極めるためには，目に見える外的側面（行動）だけでなく，認知，感情といった目に見えない内的側面も含めて理解する必要がある。

3.2　認知的エンゲージメント

　先述した行動的エンゲージメントは，学習者の「体」がどの程度，活発に動いているかに注目する。一方で，手や口は動いていなくても，「頭」を積極的に使って（“汗”をかいて），活動に取り組んでいるといったこともある。このように，課題の解決に向けて，思考を働かせている状態を「認知的エンゲージメント」（cognitive engagement）と呼ぶ。

　認知的エンゲージメントが高い学習者の特徴は，主体的に学習方略を用いている点にある。例えば，Example 1 に示すやり取り（Hiromori, 2021 より抜粋）は，大学生英語学習者がペアになって，4 コマ漫画を英語で描写するライティングタスクに取り組んでいる場面である。認知的エンゲージメントが高いペアは，書いた内容について互いにコメントし合ったり（例：“I think this part is boring. Let's change this part.”），わからない単語や表現について質問したり（例：“How do you spell 'Michael'?”），ある表現が思い浮かばない時は別の言い方で代用したり（例：“Let's make it easier, then.”）など，メタ認知を働かせながら積極的に学習方略を用いている。

【Example 1】
1. Taku: 'The son Bob …' but he made it big …

2. Miho: I think this part is boring. Let's change this part.

3. Taku: 'The man …' What's his name?

4. Miho: 'Michael.'

5. Taku: OK. How do you spell 'Michael'?

6. Miho: Uh … M A C L … eh? I think something is strange.

7. Taku: Let's make it easier, then.

8. Miho: How about 'Mike'?

9. Taku: Yes, 'Mike' is OK.

　近年の第二言語習得研究では，上記のように，学習者が自分の言葉を使って言語に関する説明をしたり，質問をしたり，省察をしたりする行為を「ランゲージング」（languaging）と呼び，これが言語習得の促進に大いに役立つことが明らかにされている（Suzuki & Storch, 2020）。ペアワークやグループワークでの他者との対話だけでなく，自分自身との対話でも学習効果が期待できる。例えば，授業で学んだ文法事項を自分の言葉で説明してみたり，自分が書いた英文の間違いに対するフィードバックについて，なぜそのように訂正されたのかを考えてみることが含まれる。学習者の認知的エンゲージメントを促す場合，ランゲージングは有効な活動の 1 つと言える。

3.3　感情的エンゲージメント

　「感情的エンゲージメント」（emotional engagement）とは，興味，楽しさ，熱意，幸福感といった肯定的な感情をどの程度持って課題に取り組んでいるかを示す。それらと対極の状態，すなわち不安，フラストレーション，退屈などといった否定的な感情も含めて，包括的な概念として捉えられることもある（櫻井, 2020; Skinner & Raine, 2022）。

　学習者が感情的にどの程度エンゲージしているかを測定するにあたって，これまで最も頻繁に用いられてきたのは，質問紙である。例えば，「今回の活動にどの程度興味を持ちましたか？」（興味），「今回の活動をどの程度楽しめましたか？」（楽しさ），「今回の活動中にどの程度不安を感じましたか？」（不安）などの質問項目を用意し，5 段階の尺度（「1：全く思わない」～「5：強

エンゲージメントとは何か？

く そ う 思 う」) で 答 え て も ら う と い っ た 方 法 で あ る。

　質問紙による調査は，多くのデータを一度に収集できたり，実施が比較的容易であるといった長所から，数多くの研究で利用されている。しかし，学習者が実際に課題に取り組んでいる時のダイナミックな感情の変化を必ずしも十分に捉えることができないといった短所も併せ持つ。

　このような課題を解決する試みとして，マッキンタイアによって開発された"Idiodynamic Method"（MacIntyre, 2012）は注目に値する。この方法では，調査参加者の課題に対する取り組みをビデオで録画し，独自に開発されたソフトウェア（Anion Variable Tester と呼ばれる）で読み込む。参加者は読み込んだ動画を見て，特定の要因（例: 課題に取り組んでいた時の楽しさや不安の程度)について秒単位で自己評価することが求められる。その結果は，図 1-3 のようなグラフで出力することもできる。

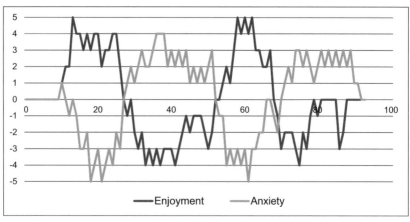

図 1-3：Idiodynamic Method による自己評価の例
(Anion Variable Tester を用いて著者作成; 縦軸は楽しさや不安の強さ，横軸は秒数を表す)

　このような方法は，質問紙に比べて時間と手間がかかるが，リアルタイムで刻々と変化する学習者の感情的エンゲージメントの実態をより詳細に理解することが可能となる。

3.4 社会的エンゲージメント

　学習者のエンゲージメントは，基本的には，行動，認知，感情の3側面から構成される枠組みとして捉えられることが多い。しかし，とりわけ他者とのやり取りといった社会的側面が重視される英語授業では，第4の側面とも言える「社会的エンゲージメント」(social engagement) もまた重要な役割を果たす (Philp & Duchesne, 2016)。

　社会的エンゲージメントは，教室における学習者同士の関係性や，ペアワークやグループワークへの参加意欲の程度など，学習者間のつながりが根底にある。この点に関して，Storch (2002) は，ペアワークでの学習者間のやり取りのパターンを，「対等な関係性」(equality) と「互恵性」(mutuality) という観点から4つのパターンに分類している（図1-4 参照）。

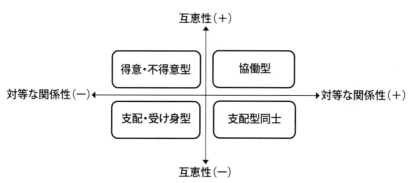

図1-4：ペアワークでのやり取りのパターン
(Storch, 2002, p. 128; 訳語は吉田 (2017, p. 7) に基づく)

　先の Example 1 で紹介した Taku と Miho のペアは，Storch (2002) のモデルで言うと，典型的な「協働型」であった（調査に参加した全ペアの中でも，ペア間の発話量の差がとりわけ小さく（対等な関係性），ペアによるターン数が多かった（互恵性））。ただし，このペアの関係性は，課題の開始直後から良好だったわけではない。実際，彼らは活動が始まった直後，互いの意見が合わないことに対してフラストレーションをためていた（Example 2 参照）。

【Example 2】

1. Taku: Here, maybe it's better to explain the family. 'The family ...'
2. Miho: Let's do it last.
3. Taku: Why?
4. Miho: Do you want to do it now?
5. Taku: Let's give a family member a name.
6. Miho: OK, but first, let's finish the task.

　上記のやり取りでは，Taku は最初に家族全員に名前をつけたがっていた
が，Miho はまず課題を完了させることを優先させたかった。結果として，
2人のやり取りはぎこちなく，ペアでの議論も深まらなかった。

　ところが，課題が進むにつれて，とりわけ Miho の方に妥協するような姿
勢が見られた。Example 3（ならびに前掲の Example 1）は課題の後半に見
られたやり取りだが，ここでは Miho が Taku と名前について話し合いをし
ている。つまり，Miho は Taku の意見に興味を持ち（少なくとも，見かけ上
は興味を示し），歩み寄ったのだ。課題が終わる頃には，2人のやり取りはか
なりスムーズになっていた。

【Example 3】

1. Taku: So, which family? But is it better to skip it?
2. Miho: How about 'Brown'? 'The Brown family.'
3. Taku: 'The Brown family'? OK, then, 'the Brown family is eating dinner'?
4. Miho: Sounds good.

　このように，2人はたとえ意見が違っても，協力し，妥協し，譲歩するこ
とで，互いの知識を共同構築していた。このペアの社会的エンゲージメント
は最初から高かったわけではなく，活動に取り組む中で徐々に高まっていっ
た。つまり，エンゲージメントは時間の経過とともにダイナミックに変化す
るということにも改めて留意したい。

4　エンゲージメントを捉えるポイント

　本章では，エンゲージメントがどのような概念なのかを，縦軸（4つの階層）と横軸（4つの側面）という観点から整理し，具体例を挙げながら紹介してきた。

　前者では，学習者のエンゲージメントはコミュニティ，学校，教室，学習活動といった様々な文脈内でダイナミックに変化すること，また文脈間においても互いに影響し合うことを指摘した。エンゲージメントが環境との相互作用によって規定されるということは，エンゲージメントのより正確な把握には，どのレベルの文脈で，どのような時間軸（数秒や数分といった短期的なタイムスパン，あるいは数か月や数年といった長期的なタイムスパン）を念頭に置いているか，明確にしておく必要がある。

　後者では，エンゲージメントという概念は，課題に没頭し（行動的エンゲージメント），周りの仲間と助け合い（社会的エンゲージメント），楽しみながら（感情的エンゲージメント）活動に取り組んでいるといった情熱的な側面と，目標達成のために，メタ認知を働かせ，適切な学習方略を選択・使用しながら（認知的エンゲージメント）活動に取り組むといった冷静な側面の双方を併せ持った心理状態であることを指摘した。

　質の高い学び，すなわち高い学習成果を上げるためには，これらの側面のいずれかが機能していれば十分というわけではなく，各側面が同時にバランスよく機能しているのが理想だと考えられる。「木を見て森を見ず」ということわざの通り，英語学習においても1つの要素だけでは学習成果の決め手にはならないということである。

2 何がエンゲージメントを高め，エンゲージメントは何をもたらすのか？

1 エンゲージメントの理論的モデル

　学習者の積極的参加と関与を表す学習者エンゲージメントは，心理学や教育学だけでなく，近年英語教育の分野でも盛んに取り上げられている (Hiver et al., 2020)。第 1 章では，そのエンゲージメントを捉えるための縦軸として 4 階層（コミュニティ，学校，教室，学習活動），横軸として 4 側面（行動的，認知的，感情的，社会的）があることを紹介したが，これらの階層・側面は，個別に成り立っているものではなく，むしろそれぞれが密接に関連し合っていると考えられている (Mercer, 2019; Reeve, 2012)。

　エンゲージメントは「メタ概念」(metaconstruct; Hiver et al., 2024; Reschly & Christenson, 2012) とも表現されることから，適切な理解のもとにエンゲージメントを研究，実践するには，図 2-1 に示す 3 点を明確に区別することが必要である (Lam et al., 2012)。その 3 点とは，①「何がエンゲージメントを高めるのか（＝先行要因）」，②「エンゲージメントとは何か」，③「エンゲージメントが高まることによってもたらされるものは何か（＝アウトカム）」である。

　1 点目の先行要因について，Skinner et al. (2008) は，エンゲージメントそのものとその先行要因を明確に区別すべきだとしている。その理由は，例えば，教師からのサポートをエンゲージメントの概念の 1 つ（＝エンゲージメントの内部にあるもの）として捉えてしまうと，教師のサポートが先行要因としてエンゲージメントに与える影響を検討できなくなってしまうからである。2 点目はすでに第 1 章で概説されている通り，4 階層・4 側面で捉える

図 2-1：エンゲージメントの研究・実践で区別すべき 3 要素

ことが重要である（図1-1, 図1-2参照）。３点目のアウトカムについても先行要因と同様のことが言える。もし，学習成績をエンゲージメントの一部として捉えてしまうと，エンゲージメントが高まることによる影響を検討できなくなってしまう。

　先行要因・エンゲージメント・アウトカムの３つを明確に区別することに加えて，エンゲージメントを研究，実践するためにもう１つ大事な点がある。それは，エンゲージメントの「可変性」である。例えば，Furlong and Christenson（2008）は，エンゲージメントを「文脈的要因によって非常に影響を受けている一時的な状態」（a state of being that is highly influenced by contextual factors; p. 366, 下線は著者追記）と述べている。教育の分野で頻繁に研究される個人差要因（言語適性，性格等）の中には，「個人の特性（＝時間的に安定しており，あまり変化しない）」と捉えられるものもある。しかし，エンゲージメントを学習者の「文脈や状況に応じて変化しやすいもの」と捉えるということは，エンゲージメントの先行要因を変化させることで，学習者のエンゲージメントを変えられる（＝高められる）ということを意味している。つまり，今，目の前にいる生徒が学習に没頭していない，注意を向けていない，興味を持っていない状態でも，先行要因にあたるものを高めることで，学習に積極的に取り組むようサポートできる可能性を秘めている。

　以上のことを前提に，Lam et al.（2012）は，先行要因，エンゲージメント，アウトカムの３者の関係を明確に区別した上で，理論的モデルを提案し，妥当性検証を目的とする大規模調査を行った。研究の参加者は，中国に住む中学生822名（年齢は12-19歳）である。参加者は，エンゲージメントと先行要因にあたる環境要因，及び個人差要因に関するアンケートに答えている。また教師は，学習者の成績や振る舞いを評価している。このモデルは教育全般の研究に限らず，第二言語習得研究でも参考にされている。

　そこで本章では，Lam et al.（2012），ならびに Hiver et al.（2020）を参考にして作成した図2-2（次ページ）をもとに，エンゲージメントと先行要因，さらにアウトカムとの関係を概説するとともに，関連するこれまでの先行研究の結果を見ていくことにする。

2

何がエンゲージメントを高め、エンゲージメントは何をもたらすのか？

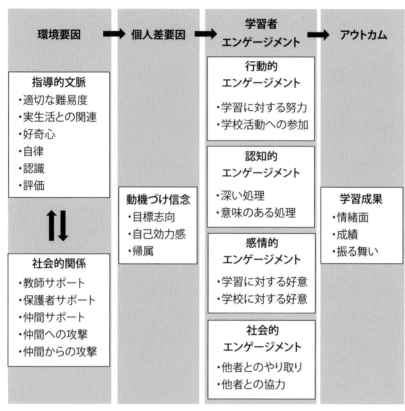

図 2-2：学習者エンゲージメントの理論的モデル
(Lam et al., 2012; Hiver et al., 2020 を参考に著者作成)

2 エンゲージメントの先行要因

学習者エンゲージメントを促進する先行要因にはどのようなものがあるのか。図 2-2 を参考に，指導が行われる文脈（以降，指導的文脈），社会的関係，動機づけ信念の 3 つに分類して捉えていく。

2.1 指導的文脈

エンゲージメントを促進する要因として考えられる指導的文脈には，表2-1 に示す 6 つの構成要素がある。

学習者のエンゲージメントを高めるためには，学習する際に用いる題材や

表2-1：指導的文脈に関する6要素
（Lam et al., 2012 を参考に著者作成）

構成要素	具体例
(1) 適切な難易度	教師が，難しすぎず易しすぎないレベルの課題を提示してくれるか。
(2) 実生活との関連	教師が，学習事項と日々の生活との関連を指摘してくれるか。
(3) 好奇心	教師が，授業中に興味深い部分を見つけ，学習者に考えさせてくれるか。
(4) 自律	教師が，学習者自身の好みに応じて活動を選ばせてくれるか。
(5) 認識	教師が，他人より優れているかどうかではなく，自分の成長を認識してくれるか。
(6) 評価	教師が，課題に対してコメントする際，正解／不正解だけでなく，改善点を示してくれるか。

活動が重要な役割を果たす。まず，学習者自身が「できる」と感じるような適切な難易度の課題を提示することが大切である。加えて，教科書にある内容に限らず，実生活と関連することをタスクに組み込んだり，好奇心を刺激する工夫をすることも必要である。また，題材や活動だけでなく，教師の授業内での学習者との関わり方もエンゲージメント向上に重要である。例えば，学習者自身の関心に合わせて活動を選ばせることで学習者の自律を支えたり，学習者の努力や能力向上を把握し適切なフィードバックをしたりすることで，やる気を保たせ，次の学習につなげることができる。また，積極的な取り組みをサポートするため，学習者が取り組んだことに対して正解／不正解だけではなく，文法事項の理解やスキルの習得といった学習過程を評価（＝形成的評価）することで，学習者のエンゲージメントの向上に寄与することができる。

2.2 社会的関係

　指導的文脈とは別に，学校生活における社会的関係（＝対人関係）もまたエンゲージメントに影響を与える要因としてみなされている。さらに，社会的関係は指導的文脈との相互関係もあることがわかっている。そのような社

会的関係は，表2-2に示す5つの観点で捉えることができる。

表2-2：社会的関係に関する5要素
（Lam et al., 2012 を参考に著者作成）

要素	具体例
(1) 教師サポート	学校では，自分のことを気にしてくれる先生はいるか。
(2) 保護者サポート	家では，保護者と宿題のことについて話をするか。
(3) 仲間サポート	学校では，自分のことを気にしてくれる友達はいるか。
(4) 仲間への攻撃	どのくらいの頻度で，相手が言ったり振る舞ったりしたことが原因で，相手が嫌がることをするか。
(5) 仲間からの攻撃	どの程度，自分のことを嫌っている人から嫌なことをされるか。

　学校内においては，共にする時間が長いことから，教師と学習者の関係が大切である。教師が学習者のことを気にかけ，発言する内容に耳を傾け，良好な関係を築くことを通して，エンゲージメントに良い影響を与えることができる。また，教師だけでなく，同じ教室内の友達同士の関係性もエンゲージメントに影響を与えうる。自分自身のことを気にしてくれたり，困っている時に手助けしてくれたりする友達がいると考える学習者は，エンゲージメントが高いとされる。一方で，学校生活で一時的にでも友達と喧嘩したり仲間外れにされたりすると，エンゲージメントに悪影響を与えることになる。

　さらに，学校内だけでなく，家庭での保護者との関係に注目することも重要である。学校から課される宿題について，保護者から励ましがあったりサポートがあったりすると感じる学習者は，学校でのエンゲージメントも高いとされている。

　ここまで概観してきた2つの先行要因（指導的文脈，社会的関係）は，「自己決定理論」（Self-Determination Theory: SDT）と密接に関係している。SDTは Deci and Ryan（1985）などによって動機づけ，特に内発的動機づけに至る過程を説明する理論として心理学の分野で提唱され，それ以来，第二言語習得研究でも SDT に基づいた研究が盛んに行われてきている（Al-Hoorie et al., 2022）。特に，「基本的心理欲求理論」が SDT を支える「土台」として考えら

れている。この理論には自律性，有能性，関係性という3つの心理的欲求が含まれており，SDTでは，これら3つの心理的欲求が動機づけを高める先行要因として捉えられている（表2-3参照）。

表2-3：自己決定理論にもとづく心理的3欲求

（廣森，2003を参考に著者作成）

欲求	具体例
(1) 自律性	どの程度，自分で学習することを選択したり，学習内容が自身の興味関心と関連があったりするか。
(2) 有能性	どの程度，やればできるという感覚を持っていたり，達成感を味わいたいと思ったりするか。
(3) 関係性	どの程度，仲間と協力的でありたいと思ったり，教師と良好な関係でありたいと思ったりするか。

　はじめに，自律性とは，学習者自身が取り組む活動や学ぶ題材を，他者ではなく自ら決めたいと思う欲求である。有能性とは，目の前の活動に取り組む際，自分ならできると思う欲求のことを指す。最後に，関係性とは，教室での学習は教師やクラスメートとの関わりが必然的に伴うことから，他者と良い関係を築きたいと思う欲求である。ここで述べた自律性，有能性，関係性は，図2-2で示した指導的文脈と社会的関係にあたるものである。基本的心理欲求理論では，これら3つの心理的欲求が満たされることで，その後の内発的動機づけを高めることになると考えられている。反対に，これらの3欲求が満たされない場合，動機づけの減退を引き起こしてしまう。

2.3　動機づけ信念

　個人差要因の中には，エンゲージメントに直接的な影響を与えるものが存在する。同時に，図2-2からも明らかなように，個人差要因は環境要因と学習者エンゲージメントを媒介する（＝2つの関係をつなぐ）役割も果たしている。そのため，動機づけを説明する要因にはどのようなものがあるのかを理解することは，エンゲージメントの向上を考える際に重要である。Lam et al. (2012) では，個人差要因にあたる動機づけ信念として，表2-4で示す3つ

の要因を挙げている。

表2-4：動機づけ信念に関する3要因
（Lam et al., 2012 を参考に著者作成）

要因	具体例
(1) 目標志向	宿題をする理由が，学力アップのためか（学習目標）。 良い成績をとって，先生に認められたいからか（成績達成目標）。 友達に劣っていると思われたくないからか（成績回避目標）。
(2) 自己効力感	授業で出された課題を，うまくこなせると思うか。
(3) 原因帰属	成績がどの程度，努力，運，状況によるものなのか。

　学習者は，学習に対する様々な動機づけを持っている。まず目標志向については，一般的に，学習内容の習得に関する目標を持っている学習者と，成績に対する目標を持っている学習者に大別される。前者は，新しいスキルや知識を得ることに注力し，途中で困難に直面したとしても，くじけることなく粘り強く学習に取り組むとされている。一方後者は，他者から良い評価をもらうことや良い成績をとることを意識しており，困難を避ける傾向にあるとされる。また，自己効力感も動機づけの一部であり，高い自己効力感を持つ人は，自分ならできると信じて行動に移すことができる。最後に，原因帰属も動機づけの中に含まれている。原因帰属とは，成功や失敗が何によるものなのかを捉えようとするものである。その原因の中には，実際の努力，現在の能力，運や状況が含まれている。

2.4　先行要因とエンゲージメント

　ここまで概説してきた3つの先行要因（指導的文脈，社会的関係，動機づけ信念）とエンゲージメントの関係について，英語教育の分野ではHoi（2022）が類似した研究を行っている。この研究では，ベトナムの大学で英語を学ぶ413人の学部1年生を対象に調査を実施した。心理的3欲求が動機づけを媒介して，エンゲージメントとどの程度関係があるかを調べることを目的としている。なお，この研究が扱う動機づけとは，Eccels and Wigfield（1995）が

提唱した「期待価値理論」（Expectancy-Value Theory）に基づくものを指す。期待価値理論とは，個人が目標の達成に対して抱く「期待」がどの程度かと，その目標を達成することにどれだけ「価値」があるかということをもとに，個人の動機づけを捉えようとするものである。3つのアンケート（心理的3欲求，動機づけとしての期待価値，エンゲージメント）を用いて集めたデータをもとに，各要因の因果関係を調べた。

図2-3は心理的3欲求→期待／価値→エンゲージメントの関係を表す簡略図である。ある要因から別の要因に引かれている線はパス係数（ある要因が別の要因をどの程度予測するのかを示す値）と呼ばれ，−1から1までの数値をとる。大きい値ほど，強く予測していることになる。

結果として，自律性が期待と価値を最も強く予測していた。次いで，関係性が期待と価値を予測し，有能性はあまり予測しなかった。これらの結果から，例えばグループワークの活動等で自由にタスクを決めることができる環

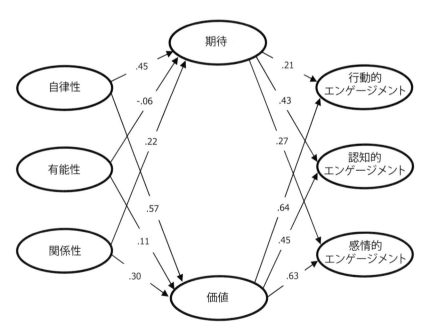

図 2-3：心理的 3 欲求，期待／価値，エンゲージメントの関係
（Hoi, 2022 を参考に著者作成）

境であれば，学習者の動機づけを刺激することにつながり，英語学習にエンゲージするように促すことができそうである。ただし，タスクの内容が自由すぎると不安を感じる学習者がいると指摘する研究もあることから，どの程度の自由さが適切か，考慮が必要である（Phung et al., 2020）。

　一方，有能性があまり期待／価値を予測しなかったことについて，研究対象が入学したばかりの大学1年生であることが関係していそうである。大学に入学したばかりの学生は，高校で求められる教科学習と大学で学ぶ学問のギャップを埋めるために，新しい環境に適応しようとする時期でもある。これまで受けてきた授業とは異なるような，他者とのコミュニーケションを求められたり，より自律した取り組みを求められたりすることから，学生自身の有能性が下がることにつながりうる。エンゲージメントの向上を目的にするのであれば，本研究の対象となっているベトナムと同様,「外国語としての英語」を学ぶ日本の指導的文脈でも，急激に授業スタイルを変化させるのではなく，段階を踏みながら環境に慣れていくことを念頭に置き，徐々に自律的な授業スタイルに変化させることが必要になりそうである。

3　エンゲージメントによるアウトカム

　学習者のエンゲージメントが高まることによって，どのようなアウトカムがもたらされるのか。ここでは，図 2-2 に示されている 3 点（情緒面，成績，振る舞い）について，それぞれ見ていくことにする（表 2-5 参照）。

表 2-5：アウトカムに関する 3 要素
（Lam et al., 2012 を参考に著者作成）

要素	具体例
（1）情緒面	どの程度頻繁に，幸せ・楽しさ・不安・怒り等を感じたか。
（2）成績	しっかり宿題に取り組んだり，テストで良い点数をとったりしたか。
（3）振る舞い	教室内で良い振る舞いをしたり，ルールに従ったりしたか。

　エンゲージメントが高まることによって出てくる情緒面には，幸せや楽し

さといったポジティブな感情が含まれる。一方，日々の学校生活の中では当然，エンゲージメントが高まらず，むしろ低下する場面もありうる。そのような時は，不安，怒り，恥ずかしさ，悲しさといったネガティブな感情も経験することがある。また，情緒面だけでなく，エンゲージメントが高まることにより，成績面にも影響が出る。それは，宿題にしっかり取り組んでいるかどうか，テストの結果が良いかどうか等によって判断することができる。そして，エンゲージメントの向上は，教室内での振る舞いや行動にも表れる。それは，例えば，適切な態度で授業に参加しているか，決められたルールに従っているか,トラブルを引き起こさないかどうか等の指標から判断できる。

エンゲージメントと学習成果の関係について，学校教育全般では様々な研究が行われており，それらの知見を統計的にまとめた「メタ分析」と呼ばれる研究が存在する (Chang et al., 2016; Lei et al., 2018)。これらの結果では，エンゲージメントの３側面（行動的，認知的，感情的）と学習成果の相関係数を用いて調べられている。相関係数の基準 (Cohen, 1988) は，r = .10/.30/.50 ごとに小 / 中 / 大で考えることができ，先述したメタ分析の結果では，行動的，認知的，感情的の順に，r = .30/.24/.23 (Chang et al., 2016)，r = .35/.25/.22 (Lei et al., 2018) だったことから，エンゲージメントと学習成果との関係は小〜中程度あることがわかる。

さらに，これらのメタ分析の結果は，Wen et al. (2010, as cited in Lei et al., 2018) で示されたエンゲージメントと学習成果との関係を支持するものであった。この研究では，エンゲージメントの各側面が学習成果に与える影響には順番があると説明している（図 2-4 参照）。

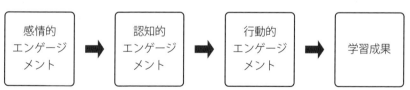

図 2-4：エンゲージメントの各側面と学習成果の関係
（Wen et al., 2010 をもとに著者作成）

この図に基づけば，はじめに，感情的エンゲージメントが引き金となり，

認知的エンゲージメントに影響を与え，それが行動的エンゲージメントに影響を与えることになる。そして，最終的には，行動的エンゲージメントが学習成果に直接的に影響を与えることから，相関係数は行動的エンゲージメントが最も高いと述べている。

　第二言語習得研究の文脈では，エンゲージメントに関するメタ分析は著者の知る限りまだ行われていないが，上述した通りのエンゲージメントと学習成果の関係を示している先行研究もある。例えば，Khajavy (2020) では，イランの大学生 125 人を対象に，英語学習のエンゲージメントと IELTS の試験の成績に関する相関関係を調べた。行動的，認知的，感情的，社会的エンゲージメントはそれぞれ，r = .57/.55/.16/.29 と小から大程度の相関があり，各側面で大きく異なっていた。そのため，学習成果を効果的に高めるためには，エンゲージメントの各側面の中でも，特に行動的エンゲージメントを高めることが重要でありそうなことがうかがえる。今後，Chang et al. (2016)，Lei et al. (2018) と同様に，英語教育分野でのエンゲージメントに関するメタ分析によって，どのような結果が得られるか，待たれるところである。

　本章では，Lam et al. (2012) で示された理論的モデルをもとに，エンゲージメントとその先行要因，及びアウトカムとの関係について概観してきた。このモデルをもとに，英語教育の文脈に応用して研究，実践されたものは，著者の知る限りまだ存在しない。図 2-2 で示した Lam et al. (2012) は，中国の学生を対象に教育全般のエンゲージメントについて調べた研究であるが，アジアと欧州等の地域によってエンゲージメントの程度に違いがあることを指摘する研究も存在する (Lei et al., 2018)。加えて，教科の違い (Green et al., 2007) や学校種の違い (Chang et al., 2016) によって学習者のエンゲージメントの程度が異なることを述べる研究もある。そのため，今後，(1) 日本に特化した理論的モデルの妥当性検証，(2) 英語教育に特化した理論的モデルの妥当性検証，(3) 各学校種に特化した理論的モデルの妥当性検証が行われ，より包括的な理解を目指すことが期待される。

エンゲージメントを高める授業は どのようにデザインしたらよいか？

1　エンゲージメントを高める授業デザイン：3つの視点

　学習者が何かにエンゲージしている状態とは，様々な誘惑の網をくぐり抜け，喚起された意欲が「行動」を生み出し，没頭状態を維持している様子を意味する (Mercer & Dörnyei, 2020)。つまり，エンゲージメントとは「意欲＋行動」のことである（第1章参照）。

　エンゲージメントをこのように理解するならば，授業デザインの際には「意欲を喚起する段階」と「その意欲を行動に転化し維持する段階」があることを意識しておかなくてはならない。以下，簡潔に「エンゲージメントを喚起する段階」・「維持する段階」という表現に置き換えて説明する。教室のイメージに重ねて言うならば，①学習者の注意を引きつける導入を工夫し（意欲の喚起，動機づけ），②没頭行動を引き出すタスクをデザインする（行動転化）ということになる。これらは授業デザイン上，欠かせない視点である。しかし，授業はデザインや指導技術だけでうまくいくものではない。それらの効力は，③教室内の人間関係に大きな影響を受ける（エンゲージメントの土台）。前章の図2-2で紹介した Lam et al. (2012, p. 406) による「エンゲージメントの理論的モデル」に照らし合わせてみると，①「導入の工夫」は「動機づけ信念」に相当し，②「タスク設計」は「指導的文脈」に，③「人間関係」は「社会的関係」にそれぞれ該当する。

　これらはいずれも，エンゲージメントの「先行要因」として位置づけられ

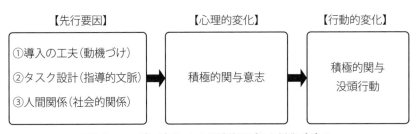

図 3-1：エンゲージメントの理論的モデルと授業デザイン

るものである。それぞれの条件が十分に満たされてはじめて，学習者の積極的関与意志[1]（willingness to engage）は高められ，学習課題への積極的関与・没頭行動（engagement）につながる（図3-1）。

　本章では，これら3つの先行要因に着目し，エンゲージメントを高める授業デザインのための観点をまとめてみたいと思う。

2　エンゲージメントを喚起する段階（導入の工夫：動機づけ）

　Ainley（2012, p. 293）は「課題に対する学習者の最初の反応が，彼らのエンゲージメントを方向づける」と語っている。学習者を積極的な学習行動へと駆り立てるには，彼らの興味・関心を目覚めさせ，「もっと知りたい」・「解決したい」という意欲を喚起する導入・課題提示の工夫が必要だ。そのための重要項目として，①好奇心を高める教師の談話，②感情を揺さぶる課題提示，③課題指示の注意点について意識しておきたい。

2.1　好奇心を高める教師の談話

　学習者の意欲を喚起する授業には，新しいトピックや学習課題を提示する前に，教師の談話に学習者の好奇心を高める工夫が共通して見られる。例えば，桃太郎の話について議論する際に「なぜ桃太郎はお供に犬・猿・キジを連れて行ったのか。本気で鬼を倒したいなら，ゾウ・トラ・ゴリラのような最強布陣で挑んだ方が良かったのではないか」と問うてみる。すると，学習者の頭には「<ruby>?<rt>はてな</rt></ruby>」が浮かぶ。それを「<ruby>!<rt>なるほど</rt></ruby>」（理解・発見）に変えたいという心理状態が生まれるはずだ。認知的エンゲージメントが喚起された状態である。このように，学習課題の導入時における教師の語り（談話）は，学習者の好奇心を高めるのに重要な役割を果たす。

　好奇心は，通常，新奇性・意外性・情報不足のいずれかから生じる（Mercer & Dörnyei, 2020）。つまり，好奇心とは知識の欠落から生じる心理現象を意味する。人が知識の不足に気がつくためには，前提として，対象についてあ

---

1 willingness to engage（WTE）：物事に積極的に関与したいと思う意志・意欲のこと。積極的関与意志の強度は，主に個人内要因（自己効力感・自己調整能力・前向きな感情傾向）と文脈の要因（対人関係・環境要因・指導的文脈）によって影響を受けるとされる（Wang & Mercer, 2020）。

る程度の知識が無くてはならない。人は「無知」を自覚し，不足を感じるときに好奇心を抱くものである（Loewenstein, 1994）。Leslie（2014）はこれをヴィゴツキーの「最近接発達領域」（zone of proximal development）になぞらえて「好奇心の領域」（zone of curiosity）と呼んでいる。無知と過信の間に位置する領域だ。人は，未知なることに恐れを抱き，距離をとりたがる。一方，もう十分に知っていると自負することには，強い興味を抱かない。その中間の領域，つまり知識があり，かつ不足を認識できる領域にある時，人は好奇心を抱きやすいということだ。この領域を意識して導入時の談話を工夫することが，学習者の好奇心を生み出し，エンゲージメントを喚起する最初のステップとなる。学習者のスキーマ（既有知識・関連性）を活性化させ，「知っているつもり」を触発し，認知的葛藤を生み出すような教師の語りが導入時には有効だということである。

2.2 感情を揺さぶる課題提示

学習者の感情を揺さぶる導入の仕掛けは，課題への積極的取り組みを喚起する上で非常に効果的である。例えば，体に傷を負った小象の写真を見せながら，「なぜこんな酷いことが起きたのだろう。いま動物たちの世界では何が起きているのだろう」と問いかけてみれば，学習者の心は大きく揺れる。このように，学習者の感情的エンゲージメントを誘発するためには，状況的関心（situational interest）という概念を理解しておくことが重要だ。状況的関心とは，学習課題を提示する特定の条件や状況によって引き起こされる関心のことである。これは状況の違いに左右されない個人的関心（personal interest：趣味，恋愛，職業などへの関心）とは異なり，教師が課題提示の際に学習者から意図的に引き出すことができる，デザイン可能な関心のことを意味する。その意味で，教師は「学習経験のデザイナー」（Schlechty, 2011, p. 3）であることを忘れてはいけない。

学習者の心を惹きつけるデザイン上の魅力には，3つの側面がある。物理的魅力（physical appeal），活動的魅力（activity appeal），内容的魅力（content appeal）の3つである。1つ目の物理的魅力とは，視覚的に学習者の感情に影響を与える魅力のことである。例えば，海外の国の紹介をする際に，単に

地図や国旗の絵を示すよりも，日本には無い美しい風景や，人々の生活風景の様子，あるいはその国独自の食べ物などを示す方が学習者の食いつきは断然に良くなる。見てみたい，触れてみたい，試してみたい，といった感情が自然に誘発されるからだ。

　2つ目の活動的魅力とは，作業の自由度・選択の幅・作業形態など，課題への取り組み方に関わる魅力を意味する。「人の役に立つ商品を紹介」する発表活動を行うとしたら，単に既存の物を説明させるのではなく，学習者自身に夢の商品を考案させ，テレビ CM の形式にして限られた時間の中で勢いよく発表させるようにすると，取り組みそのものに工夫の喜びが生まれ，エンゲージメントが高まるだろう。

　3つ目の内容的魅力とは，トピックそのものに関する魅力のことである。単に「地産地消」といった一般的なテーマを議論するよりも，自分たちの地元の「○○農園から出荷されている野菜の意外な事実」やその農園が「果たしている地域への貢献」などを知る方が，学習者にとってはより身近で興味深いトピックとなるはずだ。学習者との関連性が1つのキー概念となるが，関連性の高いトピックを選ぶには，彼らのニーズ・目標・関心などに日頃から目を向けておく必要があることは言うまでもないだろう（Mercer & Dörnyei, 2020）。

　このように，課題提示の際に視覚的・活動的な魅力を工夫しつつ，教科書やカリキュラムで設定されている，ともすれば退屈になりがちな題材を，可能な限りローカライズして学習者の関心と結びつける談話やタスク設計を心掛けることができると，学習者の好奇心や感情移入を高め，積極的な学習行動へと誘うエンゲージングな導入をデザインすることができるだろう。

2.3　課題指示の注意点

　上記のようなデザインの工夫に加えて，課題提示の仕方にも注意が必要だ。活動の価値，測定可能な目標，学習補助の提示を意識しておきたい。

　学習者に何らかの活動を要求する場合，提示する活動が実生活上いかに有用で価値あるものかを説明する必要がある。この説明を欠いたまま課題指示をしてしまう教師が意外なほど多い（Dörnyei, 2001）。学習者が何のために

その活動に取り組むのか，その価値を理解しているか否かは，彼らの積極的関与の強度に大きな影響を与える。

　測定可能な目標の提示も，学習者のエンゲージメントを方向づける重要な要因である。目標は，学習者自身が達成度合いを理解できるよう，短期的で可視化できるものにしたい。先に述べた CM プレゼンの準備をさせたいならば，①人々のニーズ，②商品の考案，③セールスポイント２つ，④実証データ，⑤スクリプトの作成，⑥演出の工夫，⑦発表練習といった作業手順をそのまま段階的目標にしてチェックリストを示してみてはどうだろうか。このような具体的で短期的なゴールが与えられると，学習者は集中力を高め，粘り強い行動的エンゲージメントを発揮する。実際，このような目標を与えられた学習者集団は，曖昧なゴールを設定された学習者集団と比べて，同じ時間内にやり遂げた作業量が 20％以上も多かったことを報告した研究もある（Bandura & Schunk, 1981）。その意味で，マコームとポープが推奨した「ゴールの ABCD」（McCombs & Pope, 1994, p. 69）を覚えておくのは有益だろう。すなわち，Achievable：達成可能，Believable：達成できると信じられる，Conceivable：測定可能，Desirable：達成したくなる，の４原則である。

　また，こうした目標達成意欲を高めるためには，適切な学習補助の提示（Dörnyei, 2001）が重要な役割を果たす。補助となる英語表現の指導，学習方略や手順の提示，仲間との協働の促進などが一般的な支援策として挙げられる。なかでも強力なのは，モデル提示だ。行動は言葉よりも多くを語る。ただし，モデル提示は教師による実演よりも，先輩による過去の実例やクラスメートによる先行例などを使用すると，より大きなインパクトを期待することができる。能力的に同等と思われる他者が，ある課題を見事にやり遂げ，肯定的な評価を得る場面を目にすることで，学習者の「代理強化」（vicarious reinforcement; Bandura, 1977）を促すことができるからだ。代理強化とは，他者がある行動によって肯定的に評価される場面を目にすると，自分のその行動も強化されるという心理的現象のことを言う。もともと意欲が高い中学生や高校生であれば，モデル役を務めた生徒の実例よりももっといい発表にしてみせるといったチャレンジ意欲を燃やすこともあるだろう（教室ではそういう場面が多々見られる）。このように，意欲を喚起する仕掛けとして，モ

デル提示の重要性は決して無視できない。

3　エンゲージメントを維持する段階（タスク設計：指導的文脈）

　　学習者の興味関心を高める導入・課題提示に成功したら，次に意識しなくてはならないのは，この状態をいかに維持するかである。そのためには，喚起された意欲を没頭行動へと転化するタスクのデザインが重要となる。エンゲージングなタスク設計のポイントとして，次の3つの事柄に注目したい。チャレンジングなタスク・デザイン，教科書のエンゲージングな使用法，進歩の可視化とリプレイの設定である。

3.1　チャレンジングなタスク・デザイン

　　認知的な負荷がかかるチャレンジングな課題に立ち向かう時，学習者のエンゲージメントは高まる。認知的負荷がかかるタスク・デザインのためのヒントとして，Bloom（1956）の思考力分類学を意識しておくのは有意義だろう。これは，思考のタイプを複雑さのレベルに応じて，6段階に分類したものだ。

　　図3-2にある下位の3つは「低次元思考力」（lower-order thinking skills: LOTS）と呼ばれ，単純な暗記学習・意味理解・ドリルの繰り返しなどがこれにあたる。一方，上位3つは「高次元思考力」（higher-order thinking skills: HOTS）と呼ばれ，情報や問題を分析したり，批判的に評価したり，あるいは

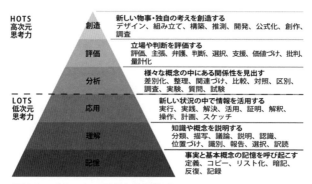

図3-2：ブルームの思考力分類学（Bloom, 1956 を参考に筆者作成）

独自の意見や作品を創造したりすることがこれに該当する。当然，この高次元思考力を促すタスクであるほど，認知的負荷がかかり，学習者の「脳動的」状態を活性化して，エンゲージメントを維持しやすくなる。

　例えば，教科書によくある「他者紹介」のレッスンでは，単に誰かのことを発表して終わりにするのではなく，「夏のキャンプに 1 人だけ連れて行くとしたら誰にする？」といったより即興性の高い意思決定タスク（Willis & Willis, 2007）を組み合わせてみてはどうだろう。4 人組の班を作って 1 人ずつクラスの仲間の性格や特技などを発表（他者紹介）させた後，キャンプのタスクに取り組ませる。すると，各班のメンバーは紹介された 4 人の人物の異なる特徴を比較したり，評価したり，新たな発想を創造したりすることになるはずだ。習った文法事項を自然に用いる機会ともなるだろう（e.g., Either Tomo or Yuji would be able to cook a meal. / Neither Yuka nor Toru can carry heavy objects.; 例文は Ur, 1988, pp. 60–61 に基づく）。このように，LOTS と HOTS の概念を意識してタスクを評価し，LOTS に寄りすぎていると感じれば，HOTS の要素を加えてタスクをチャレンジングなものに作り変えてみる。そのような工夫があるか否かで，学習者のエンゲージメントは大きく変わる。

3.2　教科書のエンゲージングな使用法

　日本の多くの教室では，教科書を用いた学習を避けて通ることはできない。だとすると，目の前の学習者集団に見合った創造的なやり方で教科書を扱い，いかに彼らのエンゲージメントを高められるかが，教師の腕の見せ所となる。そのためのヒントとして，次ページの表 3–1 に示す教材のアダプテーション・テクニック（McDonough et al., 2013, pp. 69–74）が参考となる。

　これらのテクニックは，もともと教材の扱い方や提示の仕方を考える視点として紹介されているものだが，タスク・デザインにも応用できる。例えば，新出文法を教える際に教科書の一般的な手順（理解・演習・応用）を踏むだけでなく，生徒が創造的にその文法項目に触れられるようにするために別の例や活動を「追加」してみるのである。仮定法を扱うならば，1 人の女性と1 人の男性が哀しみをこらえている写真をそれぞれ示し（資料の追加），

エンゲージメントを高める授業はどのようにデザインしたらよいか？

3

表 3-1：教材のアダプテーション・テクニック
(McDonough, et al., 2013, pp. 69-74 を参考に筆者作成)

1	追加	学習目的が十分にカバーされていない場合，あるいは学びの質的・量的向上を求めたい場合に，教科書とは別の例・活動・資料（絵・映像・音楽・活字資料）などを加える。
2	削除	教科書が提示する例・文章・課題の分量に負担を感じる場合，あるいは学習目的に見合わない課題が含まれている場合に，教科書内の例や課題や単元を削除（短縮・省略）する。
3	改変	教材内容を学習者のニーズや学習スタイル，あるいは授業目的などに合わせてカスタマイズしたい場合に，テキストをリライトしたり，活動内容を改変したりする。

What would you do for him or her, if you could do anything? と問うてみる（例の追加）。実際に筆者が授業でこの質問をしたとき，ある男子生徒（中3）は教科書にあった例文をアレンジして，If I were a bird, I would fly to the beautiful lady right now. But I would not fly for that guy. と答えてクラスを明るくしてくれた。そのような楽しい対話で導入をした後，him/her の部分を自分が心寄せる人に変えて文章を作ってみようと指示を出す（活動の追加）。すると，生徒たちは集中力を高め，創造性を発揮して，魅力的な仮定法の文章をたくさん披露してくれた。大学受験を意識した生徒たちを指導するのであれば，以下に示す大学入試の自由英作文問題などを使って活動を追加し，対話やディベート活動へと発展させることもできるだろう（e.g., If you could return to a particular time in the past, what time would you go back to? ［神戸大学］，If you had to go and live on a desert island, what item would you take with you？［一橋大学］，If you could read other people's minds, what would happen？［東京大学]）。

　逆に，「削除」（短縮）という発想も重要だ。とりわけ，初学者や英語に苦手意識を抱く学習者に対して，教科書に配列された全ての知識を身につけさせることは非常に苦しい作業となる。前述した LOTS の扱いが多くなればなるほど，学習者は退屈し，エンゲージメントは下がっていく。したがって，

削除の技術を駆使して学習者が集中力を保てるように工夫することは，エンゲージングな授業をデザインする上で大切な視点の1つだと言える。例えば，初学者に語彙指導をする際，教科書に載っている単語を全て出てくる順に覚えさせようとするのは難しい。代わりに，綴りと発音が似た単語だけを抜き出し，まずはそれだけに取り組ませてみる（e.g., book, good, cook, look / see, tree, free, meet / all, ball, call, fall）。そうすれば，学習者は集中力を切らさず，発音と綴りの法則を見出しながら，知らぬ間に多くの単語の意味と読み方・書き方を身につけることができる。

　「改変」という技術を用いて，教科書学習をエンゲージングなものにすることもできる。改変とは，具体的には，活動の指示を変える，タスクやテキストの内容を修正するといった作業に相当する。関係代名詞・非制限用法の指導を例にとってみよう。ただ単純に「非制限用法は固有名詞の補足説明だ」と解説して終わりにするのではなく，テキスト内にある非制限用法の記述箇所をすべて消し，固有名詞だけを残した教材を配る（テキストの改変）。そして，それらの人物や事物が何ものなのかをペアで調べさせ，その説明を書かせてみてはどうだろう。その後，「テキストの原文には正確な補足説明の記述が書かれているが読んでみたい？」と問えば，テキストを読む意欲も喚起され，学習者の積極的な学習行動は維持されるはずだ。他にも，教科書本文のリテリング（モノローグ）をさせた後，その要約文をペアでダイアローグ形式にリライト（改変）させ，実際の対話場面を想定したロールプレイ活動へと発展させるといった取り組みも学習者のエンゲージメントを維持するのに役に立つだろう。

3.3　進歩の可視化とリプレイの設定

　人がゴールに至るまでの行動を維持するには，成長実感が必要だ。小さな目標を達成するごとに，人は成功感覚を覚え，有能感を増す。学習活動を通じてそのような進歩の実感を与えるためには，段階的目標（incremental goals）を課題に組み込み，進歩を可視化することが重要だ。段階的目標とは，遠位ゴール（大目標：distant goals）を達成するために，近接ゴール（小目標：proximal goals）を設定することを意味する。すなわち，長期的な課題となる

活動を仕掛ける際には，遠位ゴールに至るプロセスをチャンク化して近接ゴールを作るようにすることである。具体例は，本章2.3で示したCMプレゼン作りの手順などを想像していただければ良いだろう。活動の手順を示した「課題達成チェックリスト」などを配布して，学習者が1つの小目標を達成するごとに教師からスタンプをもらうなどとすると進歩を可視化でき，学習者の積極的学習行動の維持につながるだろう。また，プレゼンテーション課題などを仕掛ける際には，あらかじめ評価基準を明示したルーブリックを渡しておけば，学習者はそれをチェックリスト代わりにして，自己調整能力を発揮し，自分たちのパフォーマンスを磨いていくことができる。1つの評価項目を克服し，チェックを入れるたびに進歩が可視化される。

　一方，そのような長期的課題に取り組み，最終的な成果発表を終えても，悔いが残る結果に終わる場合がある（大抵はそうだ）。そのような時のために，「リプレイ」（再挑戦）の制度を設けることは，学習者にとって非常に有意義な学習機会となる。なぜなら，失敗した時ほど，人が学びへの主体的意欲を高めることはないからだ。リプレイと言えば，筆者が中学1年生に「他者紹介」のグループ発表を課した時のことを思い出す。女子生徒3人組による発表だった。彼女たちは，以前から発表上手で目立つ生徒たちであった。しかし，そんな精鋭揃いの3名が組んだことによって過信と惰性が生まれ，準備不足のまま発表当日を迎えることとなってしまった。中1と言えど，発表に臨む態度に厳格な筆者のクラスでは，「沈黙5秒で失格」というルールが厳しく適用されている。そのため，生徒たちは必死で準備をしてくる。当然ながら，準備不足の3人組がその発表を乗り越えることはできず，開始15秒ほどで早々に失格となった。クラスで初めての失格者であった。授業後，目に涙を浮かべてやってきた彼女たちがリプレイを申し込んできた。筆者はまず彼女たちに「どんなパフォーマンスをしたいのですか」，「いつリプレイしたいですか」と尋ねた。「何が必要だったか」，「いつまでにできるか」と問わないことがポイントである。リプレイとは，単なるやり直しの機会を与えるものではなく，学習者の自律的意思を育む教育的機会でもあるからだ。先の女子生徒3名が，リプレイまでの間に相当な集中力と努力を発揮したことは想像に難くない。実際に，5日後の放課後に行われたリプレイの時には圧巻

のパフォーマンスを見せた。「文句なしに満点！」の筆者の声に，泣きながら抱き合って喜ぶ生徒たちの姿がとても感動的であった。このように，失敗を許容し，恐れず挑戦を続けられる仕組みを設けることは，最善を尽くそうとエンゲージし続ける学習者の心を支える力となる。

4　エンゲージメントの土台作り（教室内の人間関係：社会的関係）

　ここまではエンゲージメントを高める授業デザインの技術的な側面について述べてきた。しかし，授業は決して技巧だけでは成立しない。教室における人間関係，すなわち，教師と生徒の信頼関係，生徒同士の友好関係が何よりも重視されなくてはならない。マーサーとドルニェイは，これを「エンゲージメントの土台」(the foundation of engagement; Mercer & Dörnyei, 2020) と呼んでいる。これらの土台作りに教師が積極的に取り組み，学習者と質の高い関係を築く時，そのクラスは，それがなされていないクラスと比べて，より多くの恩恵に恵まれる。生徒の問題行動が減る (Marzano et al., 2003)，協力的な行動が多く見られるようになる (Hart & Hodson, 2004)，仲間の中にモデルを見出すようになる (Schunk, 1998)，学業援助要請をためらわなくなる (Newman, 2006) といった成果が，教育心理学の研究から明らかにされている。これらの研究結果からもわかるように，教師が学習者と質の高い関係を構築できると，結果として学習者同士の関係も良好になる。この2つの社会的関係に肯定的なつながりが育まれてはじめて，学習者は学校や教室での活動に積極的に関与できるようになる。そのために，教師には何ができるのだろう。具体的な行動提案とその原理については，Mercer and Dörnyei (2020) ［鈴木・和田訳］の第2-4章に詳細がまとめられているのでそちらをご参照願いたい。しかし，最後に一言だけ教師の包括性 (inclusivity) ということについて触れておきたい。

　私たち教師は，意欲が見られず扱いが難しい学習者よりも，素直に指示に従ってくれる学習者を教えたいと思いがちだ。しかし，エンゲージングな教室文化を創造する上で必要な教師の資質とは，どんな生徒も排除せず，あらゆる生徒を受け入れる包括性にある。マーサーとドルニェイは，包括性の定義として簡潔にこう述べている。「すべての学習者にプラスの面を見いだす

こと」(Mercer & Dörnyei, 2020, p. 75) だと。しかし，実際に，クラスにはプラス面を見つけるのが難しい生徒もいるだろう。その場合にはどうしたら良いのか。マーサーとドルニェイはこう言い切っている。「努力するのだ。そうすれば，何かと反発するような学習者にも創造性や独創性が見られることがある。そうした性質を前向きに活かすことができれば，教室にいるどの学習者の心も豊かになり，人として成長するだろう」（同上）と。

　我々は決して，学習者の診断を急いではいけない。彼らが持つ個性や能力に目を向け，ポジティブな期待を抱き，民主的にホームルームや学習活動に関与させる方途を常に模索し続けることが，エンゲージングな教室文化を生み出すための要諦である。自身がネガティブな生徒診断に陥らないようにするために，筆者は生徒の長所を「場面とともに」（随伴的に）10個以上言えるように心掛けている。それができるようになるまでは決して彼らを非難したり決めつけたりしないと決めている。その決意は，教育のあらゆる場面を生徒観察と彼らの能力活用のチャンスと捉える視座を教師にもたらすこととなるだろう。日々の学校生活の中から生徒一人ひとりの固有の輝きを見出し，活かそうとする教師の探索的努力は，やがてその教師を包括性に富んだ民主的なリーダーへと成長させていく。それは地味でささやかな営みだ。しかし，エンゲージメントの土台とは，日々のそうした「ささやかだけれど，大切なこと」の上に築かれていくものなのだ。

4 エンゲージメントに関する Q&A

本章では，エンゲージメントに関する疑問・質問に関して，現在までの研究成果に基づきながら，Q&A 形式で回答していく。全体は大きく 3 つのセクション（エンゲージメント概念，学校教育とエンゲージメント，その他）に分かれている。最後の Q&A には，エンゲージメントに関する読書案内も加えてある。本書を読んだ後，エンゲージメントについてさらに深く知りたい，専門的な知識を身につけたいと思った読者は，ぜひそれらにも目を通していただきたい。

1 エンゲージメント概念に関する Q&A

Q1. エンゲージメントとモチベーションとの違いは？

エンゲージメントとモチベーションはどう異なるのか？　エンゲージメントの核となる概念は「行動」（action）である。例えば，Skinner et al. (2009, p. 225) はエンゲージメントを「活力があり，方向性を持った，持続的な行動」（energized, directed, and sustained actions）と表現し，Reeve (2012, p. 150) は「学習活動における学習者の積極的な関与の程度」（the extent of a student's active involvement in a learning activity）と定義している。この点が，主に「意図」（intent）や「欲求」（need）といった，行動に向けたモチベーションとの違いである。つまり，モチベーションがあっても，実際の活動にエンゲージしていない，すなわち，モチベーションが実際の（前向きな）行動に変わらないといった場合もある。

では逆に，行動が伴っていれば，活動にエンゲージしていると言えるのだろうか？　これも，必ずしもそうとは限らない。なぜなら，例えば授業中に何度も手を挙げたり，友達と活発に意見交換をしていても，それが単に教師の注意を引くためだったり，活動とは無関係なおしゃべりだったりすること

もある（このような取り組みは，「偽りのエンゲージメント」(fake engagement; Mercer et al., 2020) と呼ばれる）。

　したがって，学習者のエンゲージメントを正確に判断するためには，行動面だけでなく，認知面や感情面など，内面的な側面も考慮し，総合的な観点から評価する必要がある（本書第1章参照）。

Q2. エンゲージメントはどのように測定するのか？

　心理学での研究をはじめ，研究をする際には「操作化」(operationalization) という考え方が非常に重要になる。操作化とは，直接観測できない抽象的な概念である調査対象を，測定可能にすることを指す。日常的な例で言えば，「健康」という概念は抽象的で目に見えないものだが，「BMI」や「血圧」といった数値をもとに判断することができる。教育に関することで言えば，「学力」という抽象的な概念を，「テストの点数」や「1学期の成績」などの具体的な指標をもとに考えることができる。

　エンゲージメントを研究する際にも操作化が重要になる。ここでは，2つの先行研究 (Hiver et al., 2024; Zhou et al., 2020) を参考にしながら，エンゲージメントの4側面（行動，認知，感情，社会）がどのように操作化されてきたのかを見ていく。

　行動的エンゲージメントは，直接目で確認できる行動を，他の側面と重複しないことを意識しながら操作化することが重要である。これまでの研究では主として，積極的な参加，努力，タスクの完遂，タスクに費やした時間などの指標をもとに判断されてきた。他にも，目標言語の使用率，発話量，仲間とのやり取りの回数などが扱われている。

　認知的エンゲージメントは，直接目で確認することが難しい側面だが，心的プロセスを捉えることができるように操作化することが求められる。これまでの先行研究では，注意，深い処理，自己調整，メタ認知などが指標として扱われてきた。例は少ないが，自己対話（独り言）や非言語コミュニケーション（目線など）も指標とみなされる。

　感情的エンゲージメントは，学習者の情動的な反応を捉える必要がある。

例えば，楽しさ，熱意，興味，満足感等が指標とされてきた。感情的エンゲージメントは直接観察しにくい場合もあるが，自律やフロー（課題に没頭し，時間も忘れるほど集中している状態），内発的動機づけなどとは異なる概念と考えられている。そのため，これらの概念が混同されないように注意する必要がある。

　最後に，社会的エンゲージメントは，他の側面と重複しない操作化が難しい場合もあるが，対人関係を考慮すると差別化しやすい。これまでの操作化の例として，コミュニティへの帰属意識，他者との協力，話し相手に対する反応などが含まれる。ただし，他者のモチベーションにより，学習者自身のモチベーションが影響を受ける，いわゆる「モチベーションの伝染」（motivation contagion）とは異なるものとして扱われている。

　ここまで，先行研究におけるエンゲージメントの操作化を概観してきたが，エンゲージメントの各側面を操作化する際には，本書第1章で概説したエンゲージメントの4つの階層（コミュニティ，学校，教室，学習活動）を考慮することも重要である。なぜなら，学習活動では，課題に対して集中して取り組んだり，仲間と協力して積極的にグループワークに取り組んだりするなど，高いエンゲージメントを示す学習者でも，課外活動には関心を示さず消極的，といった低いエンゲージメントを示す学習者がいることも考えられるからである。どの階層のエンゲージメントを調査するかによって，適切な操作化をすることが大事になる。

Q3. そもそも，なぜエンゲージメントは重要なのか？

　エンゲージメントは学習の成果と深く結びついており，教育の分野で特に注目されている。例えば，学校教育を対象とした2つのメタ分析（Chang et al., 2016; Lei et al., 2018）では，学習者の行動，認知，感情的エンゲージメントと学習成果の間には，中程度の相関（$r = .22$〜$.35$）があることが示されている。これは，学習成果の約5〜12%が学習者のエンゲージメントによって説明できることを意味している。

　第二言語習得研究の分野では，これまで学習者の個人差を説明する要因と

して，学習方略が広く関心を集めてきた（廣森，2023）。学習方略とは，学習者が言語を習得するために意識的に用いる行動のことで，エンゲージメントの各側面と似た特性を持つ。Plonsky（2011）によるメタ分析（6,791名，95の研究を対象）では，学習方略と学習成果との間に $r = .24$ の相関（約6％の分散を説明）があることが報告されている。この結果は，エンゲージメントが学習方略と同等，あるいはそれ以上に学習成果に影響を与える可能性があることを示唆している。

また，Chang et al.（2016）と Lei et al.（2018）の両研究は，学校教育全般を対象としたメタ分析である。しかし，英語学習に特化したエンゲージメント研究はまだ限られており，関連するメタ分析もほとんど行われていない（ただし，例外的な研究として，Okunuki & Kashimura, 2024 がある）。将来的には，英語学習に特化したエンゲージメント研究やメタ分析が数多く実施されることで，より精緻な測定や評価が可能になると考えられる。

これまで，特に海外を中心に，エンゲージメントを高める介入プログラムの開発とその効果検証が行われてきた。Fredricks et al.（2019）や Reschly et al.（2020）の研究によると，エンゲージメントに関する介入が学校への帰属意識の向上，中退や不登校率の低下，さらには学業成績の改善に効果があることが繰り返し報告されている。しかし，日本国内では，このような体系的なプログラムの確立はまだ十分ではない。

エンゲージメントは学習成果と強く関連しており，意図的な介入や教師の行動によって向上させることができる（Harbour et al., 2015; Shernoff, 2013）。そのため，日本国内においても，学校教育全般だけでなく，教科レベルや活動レベルでの介入研究が増えることが期待される。

Q4. エンゲージメントの逆の概念とは？

本書で扱うエンゲージメントとは，学習に対する積極的な参加と関与であり，学習活動に対するポジティブな側面を指す。しかし，様々な学力，性格，背景を持った学習者がいる教育現場では，必ずしも積極的に学習にエンゲージしている学習者ばかりとは限らない。活動に取り組んでいるふりをした

り，授業中退屈に感じていたり，取り組むべきことを理解していなかったり，仲間とのグループワークに非協力的だったりする学習者がいることも想定される。そのようなエンゲージメントは，「非エンゲージメント」(disengagement) と呼ばれる。ここでは，非エンゲージメントの先行要因とアウトカムについて，見ていくことにする。

　非エンゲージメントの原因を明らかにするために，Teravainen-Goff(2022) は学習者と教師を対象にインタビュー調査を行った。結果として，タスク，言語学習の難しさ，自己効力感と自信の低さ，他教科と比較した際の優先順位，クラスメート，教師や教え方の 6 つの要因が明らかになった。注目すべき点は，学習者が挙げた要因と教師が挙げた要因が異なっていたことである。学習者にとっては，タスク，言語学習の難しさ，クラスメートが主要な要因であったのに対し，教師は自己効力感と自信の低さ，言語学習の難しさ，他教科との優先順位を主な要因として挙げていた。学習者が感じる非エンゲージメントの原因と，教師が認識する学習者の非エンゲージメントの原因に違いがあることから，教師は自らの主観的な見解だけに頼らず，学習者が実際に感じていることを理解することが重要であることが示唆される。

　非エンゲージメントが高まることによって引き起こされるアウトカムには，学力の低下や途中退学 (dropout) といったものが挙げられる。さらには，教師の指導法が非エンゲージメントに影響を与えるだけでなく，非エンゲージメントが教師の指導法に影響を与えることも明らかになっており，教師と学習者の良好な関係を築くことが，非エンゲージメントを抑制することにもつながると考えられる (Zhou et al., 2023; 本書第 14 章参照)。

2　学校教育とエンゲージメントに関する Q&A

> **Q5. 文部科学省が掲げる「主体的・対話的で深い学び」とエンゲージメントには関係があるのか？**

　この 2 つの概念が持つ 3 つの共通点を以下に挙げる。

　1. 学習プロセス──「主体的・対話的で深い学び」とは「どのように学

ぶか？」という，学習プロセスの在り方に関するものであり，「知識・技能」「思考力・判断力・表現力等」「学びに向かう力，人間性等」の涵養に向けた授業改善のための指針でもある（中央教育審議会，2016；文部科学省，2020a）。同様に，エンゲージメントも，学校，教室，学習活動といった様々な文脈と学習成果を結びつけるプロセスに焦点を当てた概念である（Oga-Baldwin, 2019; Skinner & Raine, 2022）。

2．アクティブ・ラーニング――中央教育審議会（2016）によれば，学習者が能動的（アクティブ）に学び続ける状態は「主体的・対話的で深い学び」の実現であるとされる。つまり，「主体的・対話的で深い学び」の内容は，アクティブ・ラーニングをより具体化したものと言える。エンゲージメントは，学習者がより積極的に自らの学習プロセスに参加し没頭することであり，アクティブ・ラーニングと同様，自らが学習の主体（エージェント）として，学びに取り組んでいる状態を指す。

3．構成概念――「主体的・対話的で深い学び」を体現した学習者の学び（中央教育審議会，2016）には，エンゲージメントの4側面（行動・認知・感情・社会；本書第1章3節参照）を彷彿とさせるキーワードが数多く用いられている。例えば，主体的な学びに関する記述には「興味」「関心」「粘り強く」「学習活動を振り返って」，対話的な学びには「協働」「対話」，そして，深い学びには「知識を相互に関連付け」「より深く理解」「情報を精査」「問題を見いだし」「解決策を考え」などが挙げられる。以上のことから，「主体的・対話的で深い学び」もエンゲージメントの一形態と捉えることができる（櫻井（2020），ならびに本章Q10参照）。

Q6. 教科（英語 or 他教科）によって，学習者エンゲージメントは異なるのか？

外国語（英語）科と他教科のエンゲージメント研究は，多くの部分で概念を共有しているが，外国語科に特有の特徴も見られる。

学校での学習一般に焦点を当てた調査では，どのような教科が対象であっても，行動，認知，感情の3側面がエンゲージメントの指標として用いられることが多い。エンゲージメントは学習者要因や学習が行われる文脈によっ

てダイナミックに変化するが，どのような場面であれ，エンゲージメントを構成する基本要素はこの 3 側面だと言える（Mercer, 2019; Sinatra et al., 2015）。また，近年は社会的エンゲージメントへの関心も高まっており，教科に関わらず，多くの研究が行われている（Miller et al., 2021）。

　一方，外国語（英語）科と他教科の最大の違いは，タスク・エンゲージメントの役割にあると言える。一般に，タスク・エンゲージメントは課題への取り組みを指すが，外国語教育の文脈では，この課題はしばしば目標言語を使用したコミュニケーションタスクを意味する。つまり，他教科ではエンゲージメントが他の目的や目標を達成する「手段」として多く見られるのに対し（＝何かを身につけさせるためにエンゲージメントを高める），外国語教育では活動へのエンゲージメント自体が（言語に関する気づきを促す点で）「目的」となり得る。このような言語に対する気づき（language awareness）のプロセスは，「言語へのエンゲージメント」（engagement with language: EWL）と呼ばれる（Svalberg, 2009, 2018）。EWL は第二言語習得理論に基づいた概念であり，行動的，認知的，感情的エンゲージメントといった心理的な概念と区別されることが多い（Mercer & Dörnyei, 2020）。

　学習者が目標言語で意味のあるメッセージを伝え合い，意図的に気づきを促進するための指導方法として，「タスクに基づく言語指導」（Task-Based Language Teaching: TBLT）がある。具体的な実践方法については，加藤他（2020）などを参照されたい。

Q7. 学習形態（対面 or オンライン）によって，学習者エンゲージメントは異なるのか？

　情報技術の急速な発展や新型コロナウイルスの感染拡大により，オンラインによる授業はこれまでの対面授業とは異なる重要な学習形態の 1 つとなった。オンライン授業については，対面授業と同様，様々な利点（学習への取り組みやすさ，フィードバックの受けやすさなど）もあれば，欠点（通信環境による影響の受けやすさ，集中力の低下，他者との連携の難しさなど）も指摘されている（Spencer & Temple, 2021）。

とりわけ，他者との連携の難しさは，学習者のエンゲージメントにネガティブな影響を与えることが多い。例えば，Baralt et al.（2016）は学習形態の違いが学習者のタスクに対する取り組みに与える影響を調査したものだが，対面での（生身の）やり取りは社会的な関係性を作り上げることが比較的容易である一方，オンライン環境ではそれが難しく，結果として，学習者のエンゲージメントを阻害する可能性があることを指摘している。Carver et al.（2020）も類似した調査を行っているが，オンライン環境に比べ，対面でのコミュニケーションの方が学習者のタスクへの主体的関与を高めるだけでなく，言語習得も促進しやすいことを明らかにしている。

　上記から，オンライン授業時には，通常の対面授業よりも学習者のエンゲージメントを高める工夫が必要になると言える。著者らがこれまでに行った研究（Hiromori, 2024; Hiromori et al., 2021）では，リーダー役の学生をモチベーターとして指名する指導法の効果を検証している。グループワークを実施する際，リーダー役の学生には「タスクの開始時は，最初に発言する」「メンバーが困っている時は，積極的にサポートする」「冗談を言って，場を和ませる」など，グループワークを活性化すると考えられる方略を意図的に利用するよう促すことで，対面，オンラインいずれの環境下でも，グループワークを活性化できることを明らかにしている。オンライン環境では，グループダイナミクスに配慮した指導がより一層求められると言える。

Q8. 教師エンゲージメントとは何か？

　教師エンゲージメントとは，「教師が自発的に自身の身体的，認知的，感情的なリソースを教育活動に投入すること」（Perera et al., 2018, p. 29）と定義される。

　近年，教師エンゲージメントが注目され始めた理由として，教師のエンゲージメントと生徒の学業成果との関係性が次第に明らかになってきたという点がある（Perera et al., 2018）。教師と生徒のエンゲージメントは，互いに影響し合っている。生徒が生き生きと学ぶ姿は，教師にとって活力の源であるし，教師の熱意や粘り強く取り組む姿勢は，生徒にも伝わる（＝伝染する）。外国

語教育の分野においても，生徒が教師の熱意を強く感じるほど，彼らのポジティブな感情が高まり，結果として，学習者エンゲージメントも高まることが報告されている（Dewaele & Li, 2021, ならびに本書12章参照）。

　教師エンゲージメントが注目されるもう1つの理由として，教師の離職に対する懸念が挙げられる（Perera et al., 2018）。フィンランドの高校教師を対象に，エンゲージメントとバーンアウト（燃え尽き症候群）の度合いについて調べた調査では，対象となった教師の約7割がエンゲージメントが高い一方で，バーンアウトの症状も多く経験していた（Salmera-Aro et al., 2019）。周知のように，日本国内においても，教師の過重労働の実態が数多くの先行研究によって報告されている。

　Hiver and Dörnyei（2017）は，教師が様々な困難に対処することで身につく能力を，「教師免疫」（teacher immunity）と呼んでいる。教師免疫は，教師を危機（職務の重圧，人間関係のトラブル，離職など）から守り，教育実践の効果を最大まで発揮させる可能性があるという。Noughabi et al.（2022）は，この教師免疫が，教師自身の自律性によって高まることを指摘している。

　教師の資質については，指導技術や意欲に注目が集まりがちだが，持続可能な教師エンゲージメントという観点に立てば，教師特有の困難に対応するスキル，つまり教師が自らのウェルビーイングを向上させるためのスキルもまた，重要なのである。

3　エンゲージメントを調べる・学ぶための Q&A

> **Q9. エンゲージメントを調べる質問紙にはどのようなものがあるのか？**

　エンゲージメントを調べる方法として，質問紙や観察，インタビューなどが考えられるが，なかでも質問紙が最も頻繁に用いられている（Zhou et al., 2020）。外国語学習者に特化した質問紙としては，Hiver et al.（2020）がある。この質問紙は，教室レベルのエンゲージメントを測定するものであり，行動，認知，感情の3側面を測定する計24項目を含んでいる。

　加えて，本書第1章で概説されたエンゲージメントの4側面を測る質問紙

には，Khajavy（2020）がある。この質問紙は，数学や理科教育のエンゲージメントを調べる際に使用可能なWang et al.（2016）の質問紙を参考に，外国語学習者用に開発されたものである。行動，認知，感情，社会の4側面を測定する計22項目から成り立っている。

　また，新型コロナウイルス感染拡大により，近年，学校外での外国語学習にも注目が集まっている。学校外での学習とは，例えば，SNS，音楽，TV，ゲーム，映画を用いた学習などが含まれる。そのような学校外での外国語学習者エンゲージメントを調べる質問紙を，Arndt（2023）が開発している。この質問紙は，行動，認知，感情に，言語的側面を加えた4側面を測定する計30項目を含んでいる。

　外国語学習に限らず，教育全般で使用できる質問紙として代表的なものが，Martin（2021）のMotivation and Engagement Scale（MES）である。MESには，小学生・中高生・大学生用の3種類が存在する。それぞれの尺度は，モチベーションとエンゲージメントのポジティブな側面とネガティブな側面を測る計44項目で構成されている。

　最後に，教師エンゲージメントを測定する質問紙として，Utrecht Work Engagement Scale（UWES）がある。UWESは，教師に限らず，様々な職業におけるワーク・エンゲージメントを測定するために開発され，活力，熱意，没頭の3側面から構成されている。UWESには日本語版も存在し，17項目，9項目，3項目版が存在し，利用目的に応じて使い分けることができる。

Q10. エンゲージメントに関するお薦めの書籍は？

　外国語（英語）教育に特化した書籍として，まずお薦めしたいのは，Mercer, S. and Dörnyei, Z. (2020). *Engaging language learners in contemporary classrooms*. (鈴木章能・和田玲（訳）(2022). 『外国語学習者エンゲージメント：主体的学びを引き出す英語授業』)である。これまでのモチベーション理論を基盤として，学校教育において，エンゲージメントを高める教室環境をいかに作り出すか，エンゲージメントを喚起・維持し，確固たる学びへと結びつけるにはどのような点に留意したらよいかについて，教師が知っておく

べき「原則」と取るべき「行動」の観点からわかりやすく整理している。本書とあわせて読むことで，エンゲージメントに関する基礎・基本を確実に押さえることができる。

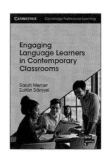

　一般読者を対象に，学校教育全般におけるエンゲージメントについて解説した書籍として，櫻井茂男（2020）．『学びの「エンゲージメント」：主体的に学習に取り組む態度の評価と育て方』がある。副題からも明らかなように，本書の特徴は，「主体的に学習に取り組む態度」をエンゲージメントの観点から体系的に捉える方法を提示している点である。評価の具体例に加えて，学習者の個性や発達段階ごとに留意すべきポイントが簡潔にまとめられており，エンゲージメントを引き出す指導を実践する上で大いに参考になる（あわせて，本章 Q5 参照）。

　最後に紹介するのは，学習者エンゲージメントに関する最新の研究成果を包括的にまとめたハンドブック，Reschly, A. L. and Christenson, S. L. (Eds.) (2022). *Handbook of research on student engagement.* (2nd ed.) である。2012 年に出版された初版（計 840 ページ）に続き，今回もかなり大部な一冊（計 670 ページ，価格も高い！）となっているが，当該テーマの先導的研究者らが一堂に会して執筆しているだけあって，どの章も読みごたえのあるエンゲージングな内容となっている。本書を読み終え，エンゲージメントについてさらに詳しく知りたくなった読者，あるいはエンゲージメントの研究に本格的に取り組んでみたいと考える読者には，ぜひ手に取ってもらいたい一冊である。

4

エンゲージメントに関するQ&A

第2部
エンゲージメントの実践

第2部では，学習者エンゲージメントに関する様々な実践例を紹介します。これらの実践は，小学校から大学までの異なる教育段階を対象に，具体的な授業デザインやアプローチを提供しています。各実践者がエンゲージメントを引き出すために何を意識し，どんな工夫を取り入れているのか，読者は教室のリアリティーに触れることができます。

5

**仲間と共に学び合う
エンゲージングな授業**

Overview　日本の行事を題材に，おすすめの行事やそこでできること
を紹介する授業例。「夏休みにおすすめの京都の行事を紹介してほしい」と
いう ALT からの依頼をもとに，児童が住む京都の行事について自分の考え
を整理したり，友達と考えを交流したりしながら，よりよい紹介を目指す。
最後に，ALT と1対1で話す「チャレンジタイム」を設定し，自分が ALT の
ために選んだ行事を紹介するエンゲージングな展開。

1　授業をつくる際に大切にしていること

　小学校に外国語活動が導入されたことをきっかけに外国語の指導に携わる
ことになった筆者は，これまで学級担任や外国語専科教員として第1学年か
ら第6学年までの児童と共に学びを重ねてきた。児童が仲間と共に学ぶよさ
を味わうと同時に，自分に合う学び方について関心を持ったり，成長を実感
したりできる授業の在り方を模索している。そこで本章では，①協働，②自
己調整，③振り返りの促進を通じて，児童生徒のエンゲージメント (EG) を
高める授業デザインの一例について紹介したい。

　この3つのポイントは，そのままエンゲージメントを高める授業の観点か
ら説明できる。授業を通じて仲間と考えを共有したり，助け合ったりしなが
ら共に学ぶよさを味わうことができれば (**社会的EG**)，児童の学びの土台と
なる学習集団の EG の高まりにつながるのではないかと考える。また，その
ような学習集団の中で，児童が課題解決の方策を工夫したり，目標に向かっ
て粘り強く学びを調整したりすることを通じて，自分に合う学び方のヒント
を見つけることができる (**認知的・行動的EG**)。最後に，自身の学びを振り返
ることで自己の成長を実感することができれば，学びへの興味・関心をさら
に高めることが期待できる (**感情的EG**)。

　これら4つの EG を促進するために，授業デザインにおいては，EG の喚

起・維持・強化の 3 つの段階を意識している。まず，EG を「喚起」する段階（導入）では，新たな学びに対する興味・関心を高めるため，児童にとって身近な話題を扱うとともに，簡単な英語でのやり取りを通じて新たな表現と出合ったり，学習課題について見通しを持ったりすることができるよう心がけている。話題や提示資料の選択に際しては，児童の他教科等での学び（既有知識）も参考にし，初めて聞く英語表現であっても意味を類推しながら聞こうという思いを高めることができるよう工夫している。

次に，EG を「維持」する段階（展開）では，教師や友達と英語を使ってコミュニケーションを図る楽しさを感じることができるよう，児童の興味・関心に応じて互いの思いや考えを伝え合う言語活動を取り入れている。また，児童自身が自己の成長に気づくことができるよう，今の自分の力で伝えられることを各自動画で記録しておき，必要に応じて見返す活動も採り入れている。

最後に，EG を「強化」する段階（振り返り / チャレンジタイム）では，単元を通じて 1 枚の振り返りシートを用いることで，自分の目標に向けて学びを調整したり，自己の成長を実感したりすることができるようにしている。このシートは，1 人 1 台端末を用いて記入・共有することで，児童同士が互いの学び方を参考にしたり，相談し合ったりすることを大切にしている。また，ALT と児童が 1 対 1 で行うパフォーマンス・テスト「チャレンジタイム」を各学期に 1 回設定し，単元の学習を活かして ALT と英語でやり取りをする活動も行っている。児童にとって達成感を味わう機会となるよう，「チャレンジタイム」に向けてそれぞれが目標を設定するとともに，コミュニケーションの目的を意識し，目標達成に向けて各自が学びを調整しながら取り組むことを大切にしている。

2 授業計画─おすすめの行事を紹介する授業（小学校 6 年生）

第 6 学年の児童を対象に行った実践「Welcome to Japan: ALT の先生に京都の行事について知ってもらうために，おすすめの行事を紹介しよう」（*Here We Go! 6* Unit 2 参照）について紹介する。

実践の概要は，次の通りである。

＜単元目標＞

ALTに京都の行事を知ってもらうために，行事やそこでできることについて聞き取ったり，尋ねたり答えたり，話すことを整理して伝えたり，文を読んで意味がわかったり，書いたりすることができる。

＜主たる言語材料＞

【表現】In spring [summer / fall / winter], we have .... You can enjoy [see /eat] ....

【語彙】季節と行事（Children's Day, Doll Festival, festival, firework, parade, Star Festival, spring, summer, fall, winter），人やものを説明する（delicious, beautiful），食べ物（food），活動（enjoy）等

表 5-1：授業の流れ（単元計画：全 10 時間＋パフォーマンス・テスト 1 時間）

時	主な活動
1・2・3	季節・行事の言い方を知り，伝え合う
4・5・6	行事やできることを伝え合う
7・8	行事やできることをよりよく伝え合う
9・10	選んだ行事について紹介し合う
単元後	チャレンジタイム（パフォーマンス・テスト）

3　実践事例

3.1　EG を喚起する導入の工夫

　　単元の導入では，児童にとって馴染みのある京都三大祭りを話題に，教師と児童のやり取りを通じて，季節や日本の行事に関する語，それらの行事を紹介する表現等と出合うことができるように工夫した（図5-1）。

　　児童にとって背景知識のある話題であれば興味を高めやすく，新たな表現であってもその意味を推測しながら積極的に内容に関与できると考えた（**感情的 EG**）。だが，教師の問いに対し，児童は次々に知っている祭りの名前を答えたものの，三大祭りに含まれる祭りが何かを悩む様子も見られた。そこで，京都の行事について英語で紹介されているウェブサイトを示しながら，

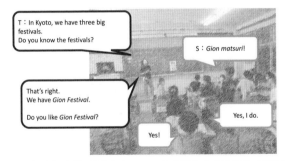

図5-1：児童と京都三大祭りについてやり取りをする様子（第1時）

　三大祭りについて一緒に確かめるとともに，他にも様々な行事があることを紹介することで，自分たちのまちの新たな魅力にも気づくことができるようにした。

3.2　EG を維持するためのタスク・学習活動

　単元の中盤では，学級で人気の季節や行事について知るために，友達と尋ね合う活動や，修学旅行の行き先とそこでできることを ALT に紹介する活動を採り入れることで，児童がコミュニケーションを楽しみながら段階的な表現の定着へとつなげるようにした（**感情的 EG**）。

　さらに，本単元の後に行う「チャレンジタイム」と関連させ，ALT から「京都で楽しめる夏の行事について紹介してほしい」という要望を聞く活動も採り入れた。児童と ALT は第5学年から交流があったため，その要望を聞いた児童たちは，ALT のためにどのような行事を紹介するとよいかをさっそく考え始め，それらについて友達と伝え合ったり，助言し合ったりして，よりよい紹介を目指した（**認知的・社会的 EG**）。この段階では，それぞれの児童が自分の目標達成に向けて必要な学びを選択できるよう，全体・個人で学ぶ時間の両方を設定した。授業支援アプリ内のシンキングツール（ウェビングシート）を使い自分の考えを整理したり，デジタル教科書を活用しながら自分の紹介に活かせそうな表現を確認したりするなど，児童によって異なる取り組みが見られた（**認知的・行動的 EG**）（図5-2）。

　また，ウェビングシートに自分の伝えたいことを録音して聞いてみる活動

図5-2：単元中盤の学習の様子1

や友達と紹介を聞き合う活動も採り入れ，児童が今の自分の力を確かめたり，言いたいけれど言えなかった表現等を全体で共有し，どのような表現が使えそうかを全体で考えたりする時間も大切にした（図5-3）。それぞれの児童が課題の解決に向けて試行錯誤する過程で，思考を働かせ，自己調整をしながら，仲間と協力して学びを深めていく様子が見られた（**認知的・感情的EG**）。

図5-3：単元中盤の学習の様子2

　そして，単元の終盤では，おすすめの理由が伝わるような行事紹介になるよう，ALTに質問をする活動を行った。次に示すのは，ALTの食べ物の好みについて児童が質問を試みた際のやり取りの一部である（H：学級担任，S：児童，A：ALTを示す）。ALTの食べ物の好みがわかれば，それにあわせた紹介内容にすることができると考えた児童の発話をきっかけに，学級の児童がそれぞれに考えを出し合い，協力し合って質問しようとする姿が見られた（**社会的EG**）。

【ALTへの質問を学級全体で考えた際のやり取り】
H:　Do you have any questions? OK. じゃあ S1 さん。
S1:　えっと，英語では言えないんですけど。
H:　うん。みんなでじゃあ考えてみよう。OK?

S1: 甘いのが，あの，甘い系が好きか，しょっぱい系が好きか。

H: I see.

Ss: Do you like .... / Which ... / Sour? / Sour じゃない，salty.

S1: そこまではわかるけど。

H: あぁ，なるほど。

S2: Sweet やったら甘い方じゃない？

H: Good. Salty.

S1: Sweet.

H: Sweet は，わかる。なるほど。何について聞きたいの？　その…

S1: 食べ物で，例えば，から揚げとかそっちなのか，りんご飴とかチョコバナナとかそういう系なのか。

H: Ah, I see. さあ，みんなだったらどう言う？　sweet と salty はわかるよって。

S3: どんな味が好きかってこと？

Ss: Do?/ Do you?/ Do you like?

H: Do, you, like?

Ss: Do you like sweet or salty?

H: Ah, good.

S3: Spicy かもしれんし。

H: Ah, OK. Do you like sweet ...?　食べ物のことだよね。食べ物だから，do you like sweet ...?

S4: Sweet foods.

H: Foods. Or salty foods. OK. Let's ask ALT sensei. Ready go.

Ss: Do you like sweet foods or salty foods?

A: I like sweet foods.

Ss: Oh! / うわぁ。/ I like. / バリバリ甘いの。

　　また，単元後のチャレンジタイムに向け，ルーブリックを提示し，それにもとづいて各自が目指すステージを決め，必要な準備を各自が考えながら行うことができるようにした（図 5-4）。

　　チャレンジタイムで使用するルーブリックの共有は，第 5 学年から継続して行ってきたため，それらを自分のために活用するだけでなく，友達同士で行事紹介を聞き合った際にルーブリックを活用しながら助言する児童も見られるようになった（**社会的・認知的 EG**）。

○○ちゃんの紹介は、①の行事やできることについて、学習した語句や表現を使って伝えることはできていました。②は、もうちょっと質問とかしてもいいかなと思いました。③はできていました。

図 5-4：ルーブリックの共有と活用

3.3 EG を強化する振り返りシート

　これまで学級担任として様々な教科・領域を指導している中で，外国語の授業では，児童の意識が「できないこと」に向きがちであった。そこで，小学校英語評価研究会 (2022) を参考に，児童が「できるようになりつつある自分」への気づきを得たり，自分に適した学び方への意識を向上させたりする振り返りシートの開発を試みてきた。本実践でも図 5-5 のようなシートを作成し，児童が個々の目標に向かって学びを調整しようとする姿勢を育みたいと考えた。目標設定や学習方略の吟味 (**認知的 EG**) への継続的な取り組みは，積極的にチャレンジを求め (**感情的 EG**)，粘り強く活動に取り組む姿勢 (**行動的 EG**) の向上にもつながると思うからだ。また，自分ひとりではなく，仲間と共に外国語を学んでいることを実感できるよう，毎時間の振り返りは，1人1台端末を使用して行い，互いの振り返りシートを端末上で共有することでいつでも見られるようにした。友達の学び方で参考にしたいものは，自分にも採り入れることを推奨し，何か困ったことがあれば，友達への相談というかたちでシート内に青字で記入するよう伝えた（図 5-6）。

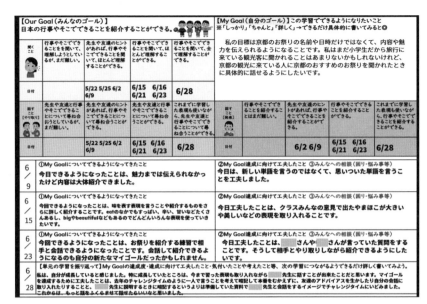

図5-5：児童が記入した振り返りシートの一例

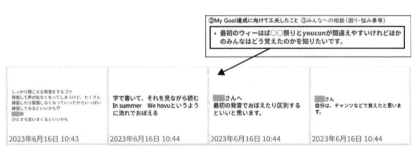

図5-6：振り返りシートを介した児童からの相談（上段右）と助言（下段）

4　授業分析—エンゲージメントを高めるストラテジー

　本実践では，児童のエンゲージメントを高めるため，次のことを試みた。

①　既有知識の活性化（EGの喚起）

　児童が新たな英語表現や日本の行事について興味・関心を持つことができるよう，身近な行事である京都三大祭を話題に単元の導入を行った。スクリーンに提示された三大祭の写真や友達のつぶやきなどをヒントに，指導者の発話を類推しながら聞こうとする児童の姿が見られた。視覚資料を効果的

57

に活用しながら児童の既有知識を活性化し，新たな英語表現やトピックと出合う場を設定したことが EG の喚起につながったと考えられる。

②　自己関連性の向上・自己決定の場の保障（EG の維持）

　単元終末の活動（ALT に夏休みに京都で楽しめる行事を紹介する）について知らせることで，日頃より関わりのある ALT からの依頼に応えたいという思いが EG の維持へとつながることを意図した。依頼を受けた直後から，行事の選定・効果的な伝え方を熱心に考える児童の姿が見られ，ALT のためにという思いが学びの意欲へとつながっている様子がうかがえた。教科書の題材である行事紹介と児童の日常生活との関連性を高め，夏休みに楽しめる行事を ALT のために紹介するというオーセンティックな文脈を設定できたことに起因すると考えられる。

　また，それぞれの児童が EG を維持しながら学習を進めることができるよう，学級全体で学ぶ時間と個で学ぶ時間を設定したことも EG の維持を促す要因であったかもしれない。学級全体で学ぶ時間には，世界の季節や学校行事などを話題に，友達や ALT と英語でコミュニケーションを図る活動を大切にした。また，個で学ぶ時間には，それぞれの児童が思いや考えを整理しながら，自分の伝えたいことを伝えられるよう，1 人 1 台端末を活用し，思考ツールや録音・動画撮影機能，デジタル教科書等から各自が必要な学びを選択できるようにした。両方の時間があることで，児童は他者との対話から得た学びを自分の中で消化するプロセスを経験する。これによって自分に必要な学びを識別し，学習への積極的関与が自然に引き出される。仲間と共に学びを深めるとともに，個々の児童が自分の目標達成に必要な学びを選択しながら力を伸ばしていく姿が見られた。個で学びを自己決定する際には，これまでに経験した学習活動をもとにしている様子が多く見られたことから，普段から EG の維持につながる多様な活動を意図的に設定し，児童が選択できる学びの幅を広げておくことが重要であると感じた。

③　自己内省の促進・協働場面の創出（EG の強化）

　単元に 1 枚の振り返りシートを用いて自己内省をする時間を設定し，児童

が自己の変容を実感したり，目標に向かって学びを調整したりする機会を大切にした。互いのシートを各自の端末上で閲覧できるようにしたことで，友達の学び方を参考にしたり，困ったことや助言を共有し合ったりしながら仲間と共に高め合おうとする様子が見られた。これらは，児童に必要な学びを認識させ，学習方略の工夫を促すとともに（**認知的EG**），援助要請とそれに応える協力場面の創出（**社会的EG**）にもつながったと考えられる。

5　おわりに

　児童のエンゲージメントを高めるにはどのような支援・指導が有効かを考え，実践する中で改めて感じたのは，エンゲージメントの土台の重要性である。互いに支え合い，高め合う児童の姿を目の当たりにし，彼らの持つ大きな可能性を感じると同時に，児童のエンゲージメントを促進するには，その土台となる部分をしっかりと築かなければならないという思いを新たにした。

　すべての児童に届く授業をと願いつつ，その難しさを痛感する日々の中で，エンゲージメントという考え方に出合ったことは，私にとって大きな財産となった。引き続き，児童の姿に学びながら，エンゲージメントの向上に資する実践の在り方を模索していきたい。

5

小学校　仲間と共に学び合うエンゲージングな授業

中学① **英文法指導で
エンゲージングな授業**

Overview　　中学1年生に「比較」を教える授業例。導入で驚きを引き起こすクイズを仕掛け，生徒の興味を引きつける。その後，生徒の日常に関連する事柄を語る活動を通じて，新しい文法形式に馴染ませ，表現パターンの定着を図る。最後は，比較表現を用いて意見表明を促すスキット作り，そしてディベート活動へとつなげる。課題に没頭させて知識の定着を図り，高次思考を促す授業デザインである。

1　エンゲージメントを高める文法指導

　授業構成で筆者がいつも意識しているのは，「導入→展開→発展」の流れだ。各段階で生徒をエンゲージさせるためには，彼らの関心や身近な状況に合った授業デザインが有効だ。以下，具体例と共にその枠組みを説明する。

　導入でエンゲージメント（EG）を喚起するには，活動の中に「驚き」の要素（'wow' factor）を組み込むことが効果的だ。例えば，三単現 s の導入は科学クイズで "What happens if we put ice in a microwave?" と問いかけ，1. It melts.　2. It breaks into small pieces.　3. It does not change. と選択肢を与える。多くの生徒は1か2と答えるが，正解は3。生徒は意外な事実を知って驚き，その理由を「知りたい」という気持ちが喚起され，EG が高まる。また，EG の喚起には自己関連性を高める工夫も重要だ。例えば，仮定法を教える際には "If you were a school principal, what would you change in our school?" と生徒の日常に直接関わる事柄を話題にしてみると，彼らは次々に自分のアイディアを語り始め，EG の喚起に貢献するはずだ。

　展開では，導入で高まった意欲や注意を保ちつつ，生徒が熱心に取り組める活動で活発な「学習行動」を促し，EG を維持させる。例えば，関係詞の活動では "Let's talk about our dream house!" と生徒に呼びかける。すると，彼らは "I'd like to live in a house that has a big theater." などと熱心に話し

始める。その後すばやくグループ活動へと展開し（行動転化），互いのドリームハウスを紹介し合い，質問や提案を交わす対話活動へとつなげることで，生徒の EG を強く維持することができる。

　発展では，言語形式の理解や練習のレベルを超え，より現実的な意思疎通の場面を想定した活動を仕掛ける。現在完了の授業であれば，海外からの観光客に地域の観光プランを提案するロールプレイをペアで行う。1 人はツアー会社のスタッフ（A），もう 1 人は観光客（B）という設定にする。B にアンケート用紙を渡し，旅行でやりたいことを記入させ，A はアンケート結果と地域の地図を参照しながらプランを提案する。

B: I**'ve eaten** tempura before, but I**'ve never eaten** sushi.

A: Then in that case, I'd recommend Tsukiji, where you can eat fresh and tasty sushi. By the way, according to the questionnaire, you're interested in *kimonos*. **Have you ever worn** a *kimono* before?

B: No, I**'ve never worn** a *kimono*, and I'd love to try that! ...

　加えて，地域の特徴や文化を活かしたアクティビティにも言及するように指示すれば，より現実味を帯び，生徒はわくわくした気持ちで活動に取り組めるのではないだろうか。

　このように，文法に焦点を当てた授業でも「導入→展開→発展」の構成とその各段階で EG を高める要素を意識した授業をデザインすることにより，生徒の潑剌とした表現活動を引き出すエンゲージングな環境を創り出すことは十分可能だ。

2　授業計画―比較表現の授業（中学 1 年生）

　上述の文法指導の枠組み（導入→展開→発展）を利用した一連の授業実践例を以下に紹介する。中学 1 年生の後期（3 学期）に「比較表現」を扱った授業である。使用教科書は *NEW TREASURE ENGLISH SERIES Third Edition Stage1*（Z 会編集部）。本実践の言語目標は，同等比較（as ～ as, not as ～ as）の定着である。具体的な対話の中で比較表現を理解させ，実生活に

結びつく活動をデザインした。これにより，生徒の積極的学習行動を促すことを意図した。

　本実践の流れは，表6-1の通りである。まず，1）Warm Up で授業の雰囲気作りをし，2）前時の学習内容を確認するための小テストを行う。

表6-1：授業の流れ（概観）

1）Warm Up	生徒との簡単なやり取り（日常生活・行事）
2）小テスト	前時の授業単元・宿題範囲から復習小テスト
3）導入（EG 喚起）	生徒とやり取りしながら新出文法事項の導入
4）展開（EG 維持）	新出文法事項を用いた習熟活動 （パターンプラクティス，ペア対話など）
5）教科書学習	教科書の単語の確認，ダイアログをリスニング・内容理解 （Q&A，音読など）
6）発展（EG 強化）	自己表現を引き出すアウトプット活動 （スキット作り，ディベート）

　その後，3）授業のターゲットとなる文法事項の導入に入る。4）展開でパターンプラクティスとペアでの対話活動による表現の習熟を図り，5）教科書学習，6）自己表現活動（スキット，ディベート）へと発展させていく。

3　実践事例

3.1　導入（'wow' factor でエンゲージメントを喚起）

　比較表現は生徒にとって今回が初出。本実践のターゲット項目は同等比較であるが，必要に応じて比較級も用いながら，その違いにも自然に習熟させることを狙った。同等比較の導入は次の３つのステップで行った。(1)「錯視とアニメキャラクターを活用した導入」，(2)「先生を話題にした導入」，(3)「生徒を話題にした導入」。以下にそれぞれのやりとりの様子を示す。

(1) 錯視とアニメのキャラクターを活用した導入

　この段階の目的は，生徒の好奇心と驚きを引き起こし，感情的・認知的EG

を刺激しながら，as 〜 as に親しませることだ。右上のスライドを提示しな
がらやり取りをした。

T: Now you can see two different pictures.
Many blue balls surround the pink balls.
Which pink ball is **larger**, A or B?

Ss: B!

T: No, it's not. Actually, A and B are the same size.
A is **as large as** B.

Ss: えー!! B が大きく見える〜。[Ss: 'wow' factor に反応！]

（その後は他の錯視図をいくつか示し，口頭で as 〜 as の形式に触れさせる）

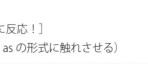

Which is larger, A or B?

A is **as large as B.**

このように自然なやり取りの中で表現に慣れさせる。興味が高まったとこ
ろで，アニメのキャラクターを使って not as 〜 as を導入する。

T: Let's make a guess at Totoro's height! How tall is he? （トトロの絵を提示）

S1: He is 100 cm tall?

T: No, he's not. （筆者の写真を横に並べる）
I'm 160 cm tall, but I am **not as tall as** Totoro.

S2: 170 cm tall?

T: No, he's not. （校長先生の写真を横に並べる）
Mr. Sato is **not as tall as** Totoro.

S3: Is he 185 cm tall?

T: No, he's not. （校内で一番背が高い先生の写真を横に並べる）
Even Mr. Yamada is **not as tall as** Totoro.

Ss: えー！ 200 cm tall!? ［生徒は口々に思った答えを言う］

T: No, he is **much taller than** this ceiling. This ceiling is **not as tall as** Totoro.

Ss: えー！ 230cm! 250 cm! ［生徒の答えがどんどん出て盛り上がる］

T: Almost right! He is 256 cm tall, and we are **not as tall as** Totoro.

Mr. Yamada is not as tall as Totoro.
This ceiling is not as tall as Totoro.

答えを焦らされることで生徒たちは興味を煽られ，EG を高める。集中力

6

中学① 英文法指導でエンゲージングな授業

が増すタイミングで，not as 〜 as の形式を明示し，表現の習得につなげる。

(2) 先生を話題にした導入

インプットの充実を図って，先生を話題にしたやり取りに移る。

（スライドに担任の先生と授業者の写真を映す）

T: Who wakes up **earlier**, Ms. Suzuki or Ms. Matsuura?

Ss: うーん，えー。Ms. Matsuura. Ms. Suzuki.
（スライドに起床時間を示す）

Ss: えー!! そうなんだ。

T: So, everyone, Ms. Matsuura does**n't** get up ...
（生徒の答えを待つ）

Ss: ... **as early as** Ms. Suzuki.

同様に，様々な先生を話題にして対話を行い，生徒の注意を引きつけながら，not as 〜 as の言語形式の定着につなげる。

(3) 生徒を話題にした導入

さらに，生徒を話題にしたやり取りでインプットを強化する。

T: What time do you get up, Ms. Asano?

S1: I get up at 6.

T: How about you, Ms. Yoshikawa?

S2: I get up at 7. ［生徒が「えーいいな〜！」などと口々に反応］

T: So, Ms. Yoshikawa does**n't** get up ...（間を置いて生徒の発話を促す）

Ss: ... **as early as** Ms. Asano.

T: Very good! Then, hands up if you get up at 6. （1人の生徒が手を挙げる）

T: So, Ms. Hanada gets up ...（再び生徒の発話を促す）

Ss: ... **as early as** Ms. Asano.

この段階ではやり取りを続け，生徒の表現意欲を高めることで，後のペア

ワークに積極的に参加する土台を作る。

3.2 展開（学習内容と生徒をつなぎ，エンゲージメントを維持）

　展開は，生徒と学習内容をさらに結びつけるアクティブな活動を通じて，エンゲージメントの維持を図る。教師は "Let's find out the similarities and differences between yourself and your partner!" とタスクの内容へと生徒を導く。生徒はペアで "What time do you wake up every day?" などと聞き合い，not as 〜 as を使って答えていく。その際，生徒が迷わずタスクに取り組めるように key word リストを示したい（例：wake-up time, English study time, speed of running 50 meters, length of hair, musical instrument, favorite sport）。また，生徒が単調な練習に退屈しないよう，自分の感想を一文加えるように指示して活動をチャレンジングにするのも効果的である。例えば以下のような対話が生まれる（生徒例）。

S1:　Oh, you wake up at 5:30 a.m. every day! I don't wake up as early as you.

S2:　You study for 3 hours every night. That's wonderful! I don't study as long as you.

　生徒は相手の生活習慣に興味を持ちながら質問し合うことでお互いを知り，理解を深め，対話を通してつながっていく（**感情的 EG**）。また，類似点や相違点を探して文を加えるには認知的な努力も必要になる（**認知的 EG**）。

3.3 発展（自己表現活動でエンゲージメントを強化）

　教科書の内容を扱った後は，「発展」活動に入る。この段階では新しい表現を使えるように促し，EG の強化を図る。本実践では，上述の not as 〜 as 指導直後に教科書を利用したスキット作りを行った。さらに，比較級指導の後に実践したミニディベートも併せて紹介したい。

（1）教科書のダイアログを改変したスキット作り

　教科書のダイアログは博物館内を巡る場面である。それを自分たちの学校

での出来事にアレンジさせた。教科書と生徒の実生活をつなぎ，EG を強化する。以下のようにキーフレーズを抜き，文を加えて生徒が取り組みやすいようにした。生徒は 3 人組で協力して空欄部分を考え，クラスで発表した。

Guide: Here is （　　　　　） at Toyo Eiwa. This place is as popular as （　　　　　）.
　　　　Let's go inside.
Eiko:　Oh, it's very （　　　　　） inside.
Guide: Yes, it is. I like this place because ＿＿＿＿＿＿＿＿＿＿＿＿＿＿＿＿.
　　　　It's (not) as （　　　　） as （　　　　）.
Toko:　Look! There [is / are] （　　　　　） here!
Guide: Yes, Eiwa students like this place because ＿＿＿＿＿＿＿＿＿＿＿＿＿＿.

　生徒たちは頭を寄せ合い（**認知的・社会的 EG**），学校のお気に入りの場所を共有し始める。お互いの答えに驚き，共感し（**感情的 EG**），わからない単語を辞書で調べたり，教師に表現を確認しにくる（**行動的 EG**）。自分たちの会話の流れに合わせて，一部改訂してもよいかと尋ねてくるグループもある（**行動的 EG**）。生徒のお気に入りの場所は，講堂，チャペル，カフェテリア，教室，職員室，体育館などバラエティに富み，クラスメートのスキットを楽しんで聞いていた（**感情的 EG**）。

(2) ミニディベート

　ディベート活動では，自分の意見を言語化し，相手との対話を通じて思考を行うために認知的努力が必要となる。そのため，グループでの作戦会議等を通して行動的・社会的 EG の強化を促し，挑戦意欲を高めた。

　本実践では，3 人班となり "Money is more important than love." というトピックについて議論した。該当クラスでのディベートは初めてだったため，前段階で "If you want a pet, a cat is better than a dog." をトピックに「ペア討論→アイディア共有→ジャッジメント」の流れに馴染ませた。その後，本番。ディベート用に座席を動かし，以下の流れで行った。

> トピックを提示
> →グループで立論（10分）
> →オープニングステートメント：肯定側・否定側（各1分）
> →作戦タイム（3分）
> →反論：肯定側・否定側（各1分）
> →クロージングステートメント：肯定側・否定側（各1分）
> →ジャッジメント

6

中学①　英文法指導でエンゲージングな授業

　最初は「ディベートって難しそう」と反応していた生徒たちも，事前に提示した useful expressions（例：We strongly believe that ...., We understand your idea, but ...., In conclusion ....）や教師の助言を頼りにしながら，真剣に取り組んでいた。最終的に，"With money, we can buy everything and we can be happy." と主張する Money 側を押さえて，"We need money for our life, but we can't buy real love and happiness from close relationships." と主張した Love 側が勝利。最後には「え，もう終わり?!」「またやりたい！」という声が上がり，生徒が活動にエンゲージし，学びの過程を楽しんでいたことが示された。

4　授業分析─エンゲージメントを高めるストラテジー

　本実践の後，該当クラスの生徒19名にアンケート調査を行い，導入・展開・発展の各段階におけるエンゲージメントの状態を確かめた。質問項目は「エンゲージメントの3タイプ」（和田, 2022）と Skinner et al. (2009) が作成したエンゲージメント尺度を参考にして作成した。

4.1　導入段階での学習者エンゲージメント

　導入では，'wow' factor を活用して興味の喚起を狙ったため，感情的 EG に特化して調査をした。「授業を受けている時，楽しかったか」という項目に5段階の尺度を設けた。結果は，錯視やアニメキャラクターを用いた導入は68%，先生を話題にした導入は74%，生徒を話題にした導入は79%の生徒が肯定的に回答した（次ページ表6-2）。

表 6-2：導入における生徒の感情的エンゲージメントレベル

授業中，楽しかった	全く楽しくなかった				とても楽しかった
	1	2	3	4	5
錯視・アニメ	0%	0%	32%	26%	42%
先生の話題	0%	0%	26%	21%	53%
生徒の話題	0%	11%	11%	37%	42%

　この結果から，できるだけ楽しい話題で良質なインプットをすることが感情的 EG を高める上で有効であると考えられる。また，自由記述欄には，印象深く残ったこととして「先生やキャラクターの身長はどちらが高いかクイズをしたこと」や「色々な比較で驚き」を得たことが印象深く残ったとの回答が多く見られた。身近な存在を比較することで，英文がリアリティを持ち，EG を促進したことが示唆される。

4.2　発展段階での学習者エンゲージメント

　発展段階では，グループで助け合いながら思考を働かせて課題に挑むことを狙ったため，認知的・行動的 EG に焦点を当てて質問を設定した。認知的 EG のレベルを測るために「思考を活発に働かせ，表現が思い浮かばない時は別の言い方で代用しようとした」という項目に 5 段階の尺度を設けた。その結果，スキット作りには 58%，ミニディベートには 74% が肯定的な反応を示した（表 6-3）。このことから，生徒たちは課題達成のために積極的にメタ認知と自己調整能力を働かせて活動にエンゲージしていたと考えられる（**認知的 EG**）。

表 6-3：発展における生徒の認知的エンゲージメントレベル

思考を活発に働かせ，英語の表現を考えた	全くそう思わない				強くそう思う
	1	2	3	4	5
スキット作り	0%	11%	31%	42%	16%
ミニディベート	0%	11%	16%	53%	21%

　また，自由記述には複数の生徒がスキット作りで「友達と一緒に考えることが楽しかった」と回答し，ディベートでは「自分たちで英語で伝えたいことを組み立てたり，皆の意見を知ることができて良かった」「違うお題でもやってみたい！」との回答があった。これらのことから，本実践での発展活動は，生徒が楽しみながら積極的に取り組める活動であったこと（**感情的EG**），さらに生徒の知的好奇心を刺激し（**認知的EG**），粘り強い活動への参加を促し（**行動的EG**），助け合いや学び合いを自然に引き出す（**社会的EG**）活動であったことが推察される。一方で，「言いたいことが自分の知っている英語では言えず，最後までやり切りたいなと思った」という感想は，自信や表現力への不安を示している。もう少し scaffolding（学習の支援）を充実させて段階的にディベートの要素を導入し，生徒のパフォーマンスをサポートした方が良かったかもしれない。

　行動的 EG の尺度項目である「話し合いに積極的に参加した」の質問には，スキット作りで 79%，ミニディベートでは 90% の生徒から肯定的な回答が得られた（表 6-4）。

表 6-4：発展における生徒の行動的エンゲージメントレベル

話し合いに積極的に参加した	全くそう思わない				強くそう思う
	1	2	3	4	5
スキット作り	0%	5%	16%	42%	37%
ミニディベート	0%	0%	11%	42%	48%

　この結果から，生徒はグループの一員として活動に積極的に貢献し，学習の主体となる活動に関与することが行動的 EG の向上を促すと推察される。

5　おわりに

　エンゲージメントという概念を知って，教室の風景が一変した。授業中，退屈そうにしている生徒を見て，彼らがより積極的に授業に参加をするストラテジーを模索するようになった。「学習者のエンゲージメントは，決して偶然の産物ではない」（Mercer & Dörnyei, 2020; 鈴木・和田訳, 2022, p. 236）と

いう言葉が私の心の中に常に響く。本実践のアンケートで生徒がコメントした「自分で間違えやすい点を考えながら進めた」「できるだけ例文や自分で文を作って英語で書くことをした」には，彼らの主体的な学びの姿勢や意欲が表れている。このような姿勢に触発され，私自身も日々の授業デザインに工夫を凝らし，生徒たちのエンゲージメントが向上しているのを実感している。共に学び，成長していく喜びを共有しながら，生徒の可能性を広げるさらにエンゲージングな授業作りに挑戦していきたい。

中学② 文学教材を用いた エンゲージングな授業

Overview　アメリカの女流作家ウィラ・キャザー（1873-1947）の短編 *Neighbor Rosicky* の一部を題材に「愛とは何か」について議論する授業例。英語は易しく中学生・高校生でも十分に取り組める。人物描写，人物関係，エピソード描写に着目して主題を捉え，愛の定義を考える。最後は，プレゼン，ディベート，ロールプレイで結婚観について議論させ，個々の価値観に揺らぎを与えながら，思考を深めるエンゲージングな展開にした。

1 夢中を引き出す授業デザイン（導く→深める→解き放つ）

エンゲージメント（EG）とは，物事に「夢中になって取り組んでいる状態」を意味する。テキストベースの授業で生徒の EG を引き出すために，筆者は常に「導く→深める→解き放つ」の3段階を意識した授業設計をしている。

「導く」とは，生徒の関心を高め，題材と出合わせ，内容理解へと導く段階を意味する。音読やリテリングなど，理解の定着を図る活動もここに入る。

「深める」とは，文章中の一部に着目して問いを投げ，クラスに「脳動的」な状態（認知的 EG）を生み出し，深い理解へと誘う段階のことである（筆者はこれを「Jump の段階」と呼んでいる）。例えば，桃太郎の話を読んだとする。仲間は猿・犬・キジだが，なぜブタ・ゴリラ・パンダではいけないのかと問うてみる。すると，生徒は活発に思考を働かせて人物設定の意味を推測し始める。そこで得た新たな知識や発見が，生徒に深い理解をもたらす。

「解き放つ」とは，それまでに得られた深い理解をもとに，自らの考えをまとめ，溌剌と表現する段階のことだ。生徒は，「自分に関係する身近なトピックや，経験の範囲内にある出来事，自信を持って語れる事柄であれば，より積極的に関与する」（Willis & Willis, 2007, p. 93）傾向がある。

これら3つの段階を，授業の構成要素と，各段階で引き出し得る EG のタイプを基にまとめると，表 7-1 のようになる。

表 7-1：エンゲージメントを引き出す授業の構成要素

3 段階	授業の構成要素		エンゲージメント	
導く	Intro	題材への興味喚起	面白そう！	感情的 EG
	Input	内容の理解・定着	知りたい！	認知的 EG
深める	Jump	深さを求める問い	何だろう？	認知的 EG
	Research	調査・議論・協働	どうする？	行動的 EG
解き放つ	Output	自己表現・自己拡大	伝えたい！	社会的 EG

EG を高める授業デザインの際に，筆者は以下の 5 つを基本軸としている。

Intro → Input → Jump → Research → Output
（導入）　（理解・定着）　（理解の深化）　（調査・協働）　（自己表現）

　Intro・Input は，導入・理解・定着といった一般的なテキスト学習の流れと変わらない。伝統的な解説型の授業は大抵ここで終わる。EG を高める授業には，深い理解を求める Jump の段階が必要だ。教師が問いを投げ，生徒の思考を活性化させて議論に臨ませる。しかし，無手の状態で議論を始めても，生徒から切れ味の良い意見が出てくることはめったにない。つまり，この時点で生徒は自分の中の無知を自覚する。心に乾きが生まれる。ゆえに，生徒は知りたくなる。そこで Research の段階を設定し，調査・協働を促す。生徒は駆り立てられるように新たな気づきを求めて，「何だろう？」，「どうする？」，「なるほど！」といったプロセスを経験し，理解を深める。この理解をもとに Output 活動を仕掛ければ，溌剌とした自己表現が生まれる。このように，各段階で EG の発生を意図した授業デザインは，質の高い学びと生徒の自己拡大を保障する授業を生み出す。

2　授業計画—「愛とは何か」を考える授業（中学 3 年生）

　中 3 の冬に行った実践（「愛とは何か」を考える授業）を紹介する。自分の将来や生き方について考え始める時期である。そんな季節感覚を捉えて，面

白く，深い内容を取り上げてみたいと思い，アメリカの小説家ウィラ・キャザーの短編 "Neighbor Rosicky" の一部を扱うことにした。内容は，以下の通り。

> 《 Content 》ロジッキーは，15 歳年下のメアリーと結婚した。彼は都会生まれ，妻は粗野な農村育ち。出自は異なり，年齢も違う。だが，2 人が人生で重視するものは常に変わらない。ある時クリームの仲買人がやってきて，ロジッキー家で取れる上質なクリームを求めて高値の取引を持ち出すが，メアリーは子ども達を豊かに育てるためのものだとして一蹴する。肩をすくめてロジッキーに近づく仲買人に，ロジッキーは一言つぶやく。「うちは，嫁が言うようにやっていくのでしょうな」と。

本実践の目標は，文学読解の視点（人物描写やエピソードへの着眼）から作品のテーマ（愛・価値観）を探り，愛と結婚観に関する理解を深めることだ。言語目標は，人物や出来事の描写に必要な表現（性質形容詞，比喩など）に習熟し，それらを応用して自身の「愛の定義」や「結婚観」を英語で表現できるようにすることである。本実践の流れは，表 7-2 の通りである。

表 7-2：授業の流れ（単元計画：全 4 時間）

時	活動段階	主な活動
1	1) Intro	導入：4 人の芸能人の共通点探し，導入対話
	2) Input	読解：人物描写・人物関係・エピソードを読む
	3) Jump	議論：愛の定義について（理解の深化を図る）
	4) Research	調査：理想の夫婦・結婚観を調査（残りは課題）
2	5) Output 1	発表：理想の夫婦・結婚観の発表（4〜5 人の班内で発表）
3	6) Output 2	討論：愛に金は必要ないか（ディベート）
4	7) Output 3	議論：家族会議ロールプレイ（娘の結婚相手選び）

7

中学②　文学教材を用いたエンゲージングな授業

3　実践事例

3.1　「導く」段階（Intro + Input）

　　4名の芸能人（仲間由紀恵・上戸彩・城島茂・加藤茶）の写真を示し，共通点を探せというクイズから始める。ヒントとして夫婦で写った写真を示すと，「年の差カップル」というキーワードが出てくる。仲間・上戸・城島は，それぞれ14歳差・15歳差・24歳差の伴侶がいる。加藤茶に至っては，45歳も年下の相手だ。そのことを伝えると，生徒は強烈な驚きの反応を示す（**感情的 EG**）。そんな対話を通じて全員参加のムードを高めたら，次の質問を投げる。

【Lead-in Q1】　What age difference would you allow, between you and your marriage partner?

　　理由とともに英語で語るように指示し，自己関与を深める。クラスで意見をシェアした後，本時教材の第一文 "He was fifteen years older than Mary, but she had hardly ever thought about it before." のみを提示して，次のように問う。

【Lead-in Q2】　Why do you think they have never thought about such a huge age gap?

　　この質問によって，生徒の**感情的・認知的 EG** を刺激し，活発な対話と多様な考えを引き出す。生徒たちは様々な考えを発するが，決め手となる発言は出てこない。そこで，「ヒントが今日の文章の中に書いてあるよ。読んでみたいですか？」と興味を掻き立てて，本文へと導く。

　　本文は，3つの段落から成っている。第1段落はロジッキーとメアリー夫婦の人物及び人物関係描写。第2・3段落は，夫婦とクリームの仲買人との対話場面（エピソード）である。本文導入後の第一次読解（内容把握）では，表面的な理解は得られても，深い理解には至らない。そこで，以下の3つの視点から第二次読解を仕掛け，「実感を伴う理解と気づき」へ誘う。

【Input】

①人物描写を読む（第 1 段落の理解）

　Mary の性質を赤，Rosicky を青で色分けさせ，特徴を摑ませる。

②人物関係を読む（第 1 段落の理解）

　2 人の共通点を一言でまとめさせる。→「価値観の一致」（主題）

③エピソードを読む（第 2・3 段落の理解）

　出来事：クリームの仲買人が，ロジッキー家に買付け交渉に来る。

・仲買人に対するメアリーの反応を予想，セリフを書かせる。（空欄）

　→ 農村育ちのメアリー独特の表現と価値観に注目（Look at them Fassler's children! Pale, pinched little things, they look like skimmed milk. I'd rather put some color into my children's faces than put money into the bank.）。自分の予想と原文を対比させ，Mary の性格を深く理解させる。

・最終文の夫のセリフを，彼の性質がよく表れるように訳すよう指示する。

　→ 翻訳作業により人物の性質を深く摑ませる。本文の主題が，夫の性格と共に，この一文に見事に表現されていることに気づかせる。

7

中学②　文学教材を用いたエンゲージングな授業

3.2　「深める」段階（Jump + Research）

　　ここまで読みを深めれば，本文の主題が，夫婦生活における「価値観の一致」の重要性にあることがわかる。これが，この作家の愛の定義ともとれる。しかし，愛とは「価値観の一致」だけに集約されるものだろうか。そもそも，他人との価値観の完全一致など，あり得るのだろうか。もし誰かがそれはあり得ないと主張するとしたら，夫婦間の幸福はあり得ないことになる。そのように問題提起をしながら，生徒の理解に揺さぶりをかけていく（**認知的EG**）。そこで，以下のような問いを投げ，Jump（「深い理解」を求めて議論）する。

【Jump】　What is love for you? Make your definition of what 'Love' is like.

生徒はペアになって一斉に語り出す（**行動的 EG**）。互いの声を聴き合い，共感や反感の声を漏らしながら，建設的に議論を進めていく（**社会的 EG**）。この時，生徒の発言には様々な認知プロセスが作用し，英語による定義はもとより，それを精緻化するための表現（理由・例示・比較・仮説・評価など）が自由に展開する（ここが生徒の思考と言語を伸ばすポイントだと筆者は考えている）。生徒の中には，「恋」と「愛」の漢字の中にある「心」の位置に注目し，「恋は下心，愛は真心」といった定義を披露し，クラスを沸かせる者もいた（**感情的 EG**）。だが，すかさず意地悪な教員（筆者）から，意地悪なツッコミが入る。"Is it wrong to have 下心 for a girl you like? Girls, can you really feel satisfied with a boyfriend who doesn't do anything for months after starting a special relationship? If you say YES, I would like to ask you one thing: そこに愛はあるんか？"（笑）　そのように対話を発展させ，生徒の**認知的・感情的 EG** を高めながら，より深い理解へと手を伸ばしていく。ここでの教師の役割は，思考と発言を促すファシリテーター (facilitator) でなくてはならない。より多くの生徒を議論に関与させるためには，教師が単なる「教授者」(knowledge giver) に徹していてはいけない。

　しかし，「愛」の議論が活性化する一方で，生徒一人ひとりに明確な学びが発生しているかどうかは定かでない。そこで，以下のような Research 課題を与えて，「深まり」を確かなものにする。

【Research】　理想とする夫婦を調査し，英語で結婚観をまとめる。
①本文の人物描写・人物関係の表現を参考に，ある夫婦の特徴を描写する。
②文章構成には，以下の 5 つの要素が必要。

・主題の提示	What matters most for a good couple is ［愛の定義］.
・年齢差	比較級（A is ... years older than B.）
・人物＆容姿	性質形容詞（rough, gentle の対比など）
・2 人の関係	比喩（shipmates on a rough voyage / it was as if ...）
・私の結婚観	自分の経験や考えをもとに，教訓や希望を書く。

　Research の段階で大切なのは，「協働の促進」である。課題達成のために，

生徒はあらゆる手段を駆使して仲間と議論する。ここでの教師の役割は，サポーター（supporter）である。議論が行き詰まっているグループに方略的なヒントを与えたり，活動が停滞しがちな生徒に明確な役割を与えたりしながら，絶えず生徒たちの**行動的・社会的 EG** を維持する役割を果たすことが重要だ。

3.3 「解き放つ」段階（Output）

Jump・Research を通じて，個々に深めてきた愛の定義や結婚観を表現する段階に入る。「解き放つ」段階だ。本実践では，3 つの Output 活動に挑んだ。プレゼン，ディベート，ロールプレイ。これらは，準備した内容を発表する段階から，徐々に即興的な発話を求める活動へと移行することで，**認知的・行動的 EG** を高めたいという意図がある。以下に，具体的な活動内容を示す。

【Output 1】 プレゼン：「理想の夫婦，結婚観」の発表（Research 課題）
・4 〜 5 人のグループを作り，一人ずつ自分の考えを英語で発表する。
・グループの中で最もよかった者を選出し，クラスで発表する。

【Output 2】 ディベート：「愛に金は必要ないか」を討論
・Rosicky 夫婦の価値観を確認：「金よりも家族と心の豊かさ」
・「愛があれば，金は必要ないという主張にあなたは賛成？」

【Output 3】 ロールプレイ：「娘の結婚相手選び」（家族会議）
・設定：娘が，金はないが夢を持つ芸術家と結婚したいと言い出した。
・役割：娘（愛重視），母親（金重視），父親（折衷案）で議論。
・課題：すべての役を経験し，最後に自分の考えを書く（作文）。

プレゼンは，Research 課題の調査報告であり，発表時の負荷は低い。ただし，小グループ内で必ず全員が英語でソロ発表を行う。ディベートでは，Research 課題で深めた愛の定義と結婚観をもとに，金という現実的な価値を対抗軸として加え，思考の深まりをさらに促すことを意図している。ロールプレイでは，プレゼンとディベートで深めた考えを即座に活用して，論理

7

中学②　文学教材を用いたエンゲージングな授業

的な談話を英語で展開する力を求めている。

　これらの活動を行う際にも重視したいのは，ペアやグループでの協働だ。即興性の高い活動の中でも，発話の質を高め，生徒を成功体験に導くには，話す内容の準備（conceptual preparation）が欠かせない（Levelt, 1989）。したがって，ディベートやロールプレイの際には，役割分担ができたら，発話の前に同じ役割を担当する者同士で話すべき内容について相談する「同業者会議」の時間を設けるとよい。併せて，必要な英語表現の準備もするように促すと，より密度の濃い同業者会議となる。この時間が，生徒のパフォーマンス向上の最大のポイントともなる。挑戦的な課題のための同業者会議は，それ自体が，生徒にとってはエンゲージングな時間となる。したがって，教師は，Output 活動の際には，チャレンジのあるタスクデザインとそれを達成するための協働的準備活動の意識を常に心掛けておくといいだろう。

4　授業分析―エンゲージメントを高めるストラテジー

　生徒の EG の強度は，教師生徒間の信頼関係，生徒同士の人間関係，支持的でポジティブな教室文化など，「エンゲージメントの土台」（the foundation of engagement）の構築度合いによって異なる。そのため，指導ストラテジー（方略）の有効性を一般化することは難しい。だが，ある程度条件が整っている教室であれば，ストラテジーの使用は大きな効力を発揮する。本実践で用いられたストラテジーはいかなるものであったか，またその使用意図と期待される効果はどのようなものであったかを，以下に 3 点だけ示してみたい。

① 全員参加と好奇心の促進（EG を喚起するストラテジー）

　本実践の導入時では，「年の差カップル」というキーワードを引き出すために芸能人 4 名の共通点をクイズ形式で提示した。これは，特殊な知識が無くても全ての生徒が積極的に関与できる活動から授業を始めることで「全員参加」を促すためである。

　全体の参加ムードが高まったところで，次の 2 つの発問を投げ，話題をコントロールした。Q1（年齢差はどこまで OK？），Q2（ある夫婦は年齢差を

気にしたことがない。なぜ?)。Q1 で自己関与を高め，Q2 で疑問を共有する。ここで生徒の心は大きく揺れる。「なぜだろう?」「知りたい」と。このように好奇心（**感情的 EG**）を誘発することで，スムーズに本文読解の活動に移行することが可能となる。したがって，Intro では，全員参加を促し，生徒の好奇心を高める方略使用（授業デザイン）を心掛けることが重要だ。

② 認知的葛藤を引き出す問いの設定（思考を深めるストラテジー）

　認知的葛藤とは，自分が正しいと思っていた認識に疑問を抱き，矛盾を感じ始める心理状態のことである。これを引き出す問いの設定が，生徒の認知的 EG を促進し，学びを深くする。平たく言えば，「知ってるつもり」を刺激する問いのデザインということである。本実践では，Jump の問い（What is love for you?）がこれにあたる。生徒は，「愛」という概念をある程度理解しているつもりではあったが，いざ定義せよと問われるとそれができない。ここに葛藤が生まれる。それを乗り越えようとする行為が，彼らの思考を深める（**認知的 EG**）。

③ CLARA を意識したタスク・デザイン（EG を維持するストラテジー）

　EG を維持するには，学習者の行動を最大限に引き出し，学びに向かわせるタスクのデザインが鍵となる。そのようなタスク・デザインに有効な原理を，Mercer and Dörnyei (2020) は CLARA という頭字語でまとめている。

表 7-3：CLARA アプローチ（Mercer & Dörnyei 2020, p.152）

・Challenging	困難，チャレンジ
・Learner-centered	学習者中心
・Active	アクティブ
・Real-world relevant	実生活との関連
・Autonomy-rich	自己選択の幅

　タスクは，簡単すぎても難しすぎてもいけない。「望ましい困難」(desirable difficulty) が課された時に，認知的 EG が発生し，生徒をアクティブにする (Leslie, 2014)。これは，ヴィゴツキー (Vygotsky, 1978) の「最近接発達領域」(Zone of Proximal Development) の概念と関連している。最近接発達領域とは，困難だが，必要な手引きや援助があれば克服できる学習領域のことである。支援を必要とする困難な課題だからこそ，仲間との協働 (**社会的 EG**) が促進され，学習者中心のムードが生まれる。さらに，その課題が実生活上の関連性を持つ場合には，生徒はより強い興味を抱き (**感情的 EG**)，様々な工夫を凝らして (**行動的 EG**)，質の高い成果を残す。

　本実践では，Research + Output の段階で，3 つの活動を仕掛けた。それぞれのタスクがチャレンジングではあるが，生徒にとって現実的なトピックであったため，注意を切らさず，最後まで協働し，アクティブに学ぶことができた。ディベートやロールプレイは，プレゼンに比べて即興性が求められるため，より認知的負荷がかかるが (**認知的 EG**)，それだけに準備にかける集中力 (**行動的 EG**) と助け合いの姿勢 (**社会的 EG**) の強化にもつながった。

5　おわりに

　ある年の終わりに，次のような授業感想をくれた生徒がいた。

> 【生徒感想】この授業では，自分たちで調べて発表するのがとても印象的でした。純粋に「知りたい」という気持ちと，「みんなに伝えたい」という気持ちが，20 何人分集まって，あのような熱いクラスのムードになったのだと思います。最後に皆で涙を流したあの授業（※その年の最後の授業）は一生の宝物です。

　この言葉は，その後の私の自己省察の絶対的な基準となっている。「知りたい」(**感情的 EG**) を引き出し，問いを共有し (**認知的 EG**)，理解を深め (**行動的 EG，社会的 EG**)，感動し (**感情的 EG**)，「伝えたい」と心から思える真の表現を育む授業。エンゲージメントを引き出す授業とは，生徒の学びと成長に寄り添い，それを実現するプロセスに他ならない。そんな授業の実現は，決して見果てぬ教育の夢ではなく，確かにあり得る教室の真実なのだ。

8 高校① 教科書を用いた Soft-CLIL に基づくエンゲージングな授業

Overview　ハーバード大学のマイケル・サンデル教授による講義を題材に，様々な言語活動を通して，生徒に「正義とは何か。モラルとは何か」について考えさせる授業例。検定教科書本文を用いて行う英語授業をよりエンゲージングな形で指導するためには，どのような工夫が必要かということについて，「内容言語統合型学習」（Content and Language Integrated Learning：CLIL）の枠組みに基づきながら紹介していく。

1　検定教科書を用いた英語授業：Soft-CLIL に基づいて

　高等学校において英語の4技能を総合的に学習する科目（例：「英語コミュニケーションⅠ」）において使用される検定教科書の大部分は，特定のトピックに関する英文（教科書本文）を軸にして各単元が構成されている。このような教科書本文の読解や内容理解を軸にして展開される授業と親和性が高いと考えられるアプローチの1つとして CLIL が挙げられる。CLIL は内容学習を言語学習と統合することにより，効果的に第二言語の習得を促すことを目指しており，図8–1（次ページ）の通り，Content（内容），Communication（言語），Cognition（思考），Community（協学）という「4つのC」のフレームワークが大きな特徴である（Coyle et al., 2010; 渡部他，2011）。日本の中学校や高校における英語授業では，英語をツールとしてある専門的内容の理解と知識習得を重視する Hard-CLIL よりも，内容の議論を行いつつも言語の習得に重きを置いた Soft-CLIL が，より効果的であるとされている(Ikeda, 2013; Ikeda & Pinner, 2020)。よって本章では，Soft-CLIL の枠組みに沿ってデザインされた授業を通して，生徒の高いエンゲージメント（以下 EG）を引き出す実践例を紹介していく。

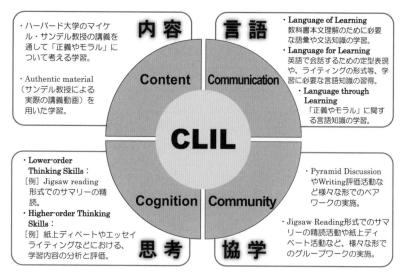

図 8-1：本単元における言語活動の CLIL としての枠組み

2 授業計画—「正義とは何か」を考える授業（高校 2 年生）

2.1 対象生徒

　本実践の対象となったのは，県立高校普通科 2 学年生徒（CEFR A2 程度）である。単元指導前に生徒の「英語学習への動機づけ」の傾向を把握するために実施したアンケート調査の結果，大学受験や資格取得など，個人的に重要な目標を達成することが主な英語学習動機になっている生徒が多いことが明らかとなった。

2.2 単元の目標

・サンデル教授による講義の動画や，講義に関する教科書英文の内容を，様々な支援を用いたり他の生徒と協力したりしながら理解することができる。
・見たり読んだりした内容をもとに，「正義とは何か」「モラルとは何か」ということについて他の生徒と共に深く考え，ディベート活動やエッセイライティングを通して，自らの意見を英語で伝え合うことができる。

表 8-1：授業の流れ（単元計画：全 10 時間）

時	主な活動
1	講義動画視聴，Pyramid Discussion
2	教科書本文の重要語彙・文法確認
3・4	教科書本文の Jigsaw Reading 及び Retelling
5・6・7	Paper Debate
8・9	Paragraph Writing，口頭での Discussion
10	教科書内容・語彙・文法の振り返り
単元後	定期テスト，ライティングテスト

3 実践事例

　指導科目は 2 学年必修科目の「コミュニケーション英語 II」で，教材及び単元は，*Genius English Communication II Revised* Lesson 9（大修館書店）である。本単元では，ハーバード大学のマイケル・サンデル教授によって実際に行われた 3 種類の講義を題材に，「正義とは何か」ということを生徒に考えさせており，具体的な講義内容の例は次の通りである。

《 Content 》入学するためには高い得点が必要な，人気の高い私立学校があると仮定する。金持ちの子どもがその学校の試験に落ちたため，親はもし息子を入学させてくれるなら，2 千万ドル寄付をするという。学校が寄付を受け入れてその少年の入学を許可することは正しいことだろうか？　そのお金を受け取れば，お金がない時よりももっと多くの生徒を受け入れることができる。その生徒が入学することで，損をする生徒はいない。果たしてこれは正しいことなのだろうか。

　次に，CLIL の「4 つの C」に基づいて設計された様々な言語活動を通し，生徒の EG を引き出すことを試みた実践内容について，具体的に紹介していく。

8

高校① 教科書を用いた Soft-CLIL に基づくエンゲージングな授業

3.1 Introduction

（1）サンデル教授の講義動画視聴

"What should you do if you realize that you can turn the trolley car onto the sidetrack, killing the one worker, but sparing the five?" という質問を教師から受けた後，実際にこれを題材にしてハーバード大学で行われたサンデル教授の講義動画を視聴する。単元の導入で EG をどう喚起するかは，学習者 EG を促進する上で極めて重要である。上記のような少々ショッキングな内容について問いかけることにより，生徒たちがタスクに感情移入することを促しながら，生徒の**感情的 EG** を大きく刺激することを試みている。

（2）Pyramid Discussion

あらかじめ用意された会話展開例に従って，上記の題材について生徒同士英語で話し合う。2 名⇒4 名⇒8 名…と組み合わせをスライドで示して，次第にグループのメンバーを増やしながらディスカッションを展開する Pyramid Discussion の形で，それぞれのペアやグループで話し合ったことを互いに伝え合う。ここでは自らの考えを伝えたい，他の生徒の考えを知りたいという，生徒の**認知的 EG** や**社会的 EG** を促進することを特にねらっている。

3.2 Comprehension

（1）教科書本文の重要語彙・文法確認活動

フラッシュカード方式で重要語彙を学習し，重要文法についての簡潔な説明を聞く。これは，その後の活動の scaffolding（足場かけ・学習の支援）を作ることを目的としている。このようにスモールステップを踏み，生徒が不安なく活動できるようにすることは，EG を促進するための土台となる重要な視点である（Mercer & Dörnyei, 2020）。

(2) 教科書本文の Jigsaw Reading 形式による精読と協働的読解活動

　教科書本文のサマリー（4 パラグラフ）をジグソー形式で精読・理解する。まずは個人で辞書や参考書等を用いながら，指定されたパラグラフを精読する。次に同じパラグラフを指定された生徒同士でグループ（5 名程度）をつくり，それぞれが読み取った情報を持ち寄って，さらに精読する。最後に，異なる段落を担当した生徒 4 名でグループをつくり，それぞれの段落の読解ポイントについて順番に簡潔に説明し合う。

　教科書本文の読解は，ともすると単純作業となってしまい，いくら題材が魅力的で知的好奇心をそそるものでも，生徒の学習動機を維持することが難しい場面が多い。そこで，このように Jigsaw Reading 形式で協働的に読解させることにより，タスクに意欲的に取り組み続ける**行動的 EG** を促進すると同時に，他の生徒と助け合うことによる**社会的 EG** の促進をねらっている。

(3) Graphic Organizer を用いた本文の Retelling 活動

　サマリーの内容を写真やキーワードでマッピング形式にした Graphic Organizer を見ながら，ペアで交互にサマリーの内容を口頭で再生する。このように学習した言語事項の使用を繰り返し練習することは，scaffolding をより強固なものとし，後の活動で EG を維持・促進するための土台になると期待される。

3.3　Paper Debate

　本レッスンが取り上げている 3 つの講義の 1 つで扱われている，"Private schools should accept not only smart students but also students who donate a lot." という演題について，指定された立場（肯定側・否定側）で英語によるグループ対抗の紙上ディベート活動を行う。ディベートのような高度な言語活動を実施することは，課題の解決に向けて生徒の思考を働かせ，主体的に学習方略を用いさせることができるので，**認知的 EG** を促進するためには非常に有効である。しかし，英語による口頭ディベートは一般的に難易度が高いため，自らの意見をうまく口頭で伝えられなかったり，言語的・時間的制約から，議論がなかなか深まらなかったりする場合も多い。そこで，

8

紙上でのグループディベートの形にすることにより，生徒たちに十分な scaffolding を与えながら活動に熱中させることが可能となり，**行動的 EG** や**社会的 EG** を高めることができる。

　具体的には，5 人グループをつくり，4 つのグループ内で 2 つのグループ同士が交互に紙上ディベートを行う仕組みをとっている（QR コードの資料 1 参照）。一見複雑な仕組みだが，実際に行う活動手順は非常にシンプルであり，どのグループも休みなく常に「立論」「反論」「まとめ」を書くことができるようにしている。最後は，他のグループがそれを読み，それぞれのディベートのジャッジを記入し，勝者が確定する。このように，勝ち負けといったゲーム性を活動に取り入れることは，生徒が退屈になることを防ぐことができるため，生徒の**行動的 EG** を維持するために重要な視点である。

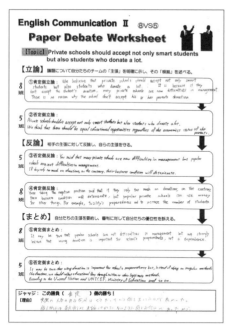

資料 8-1：紙上ディベート活動の詳細（QR コード）と教材例

3.4 Paragraph Writing, Discussion

　紙上ディベートで扱った "Private schools should accept not only smart students but also students who donate a lot." というトピックについて，英語によるパラグラフライティング（エッセイライティング）を行う。ここでは，紙上ディベートで与えられた立場（肯定側・否定側）に関わらず，ディベートで深まった考えをもとに，自らの立場や考えを英語で説明する。その後エッセイが書き終わったら，ペアをつくり，互いのエッセイを読み合う。その際，事前に配付しておいたルーブリックに従って根拠を明確にしながら，評価や感想を英語で伝え合う。

　このように，これまでの活動によって十分に整えられたレディネスのもと，生徒に自信を持ってライティング活動やディスカッションを行わせることで，動機づけの促進と関連が深い「有能性の欲求」や「関係性の欲求」を満たし（Deci & Ryan, 2002），生徒の**行動的 EG** や**社会的 EG** を促進することをねらっている。

4　授業分析─エンゲージメントを高めるストラテジー

4.1　Soft-CLIL の枠組みによる EG 促進

　本実践では，Soft-CLIL の枠組みに基づき言語活動を実施し，様々な形で EG を喚起・維持することを試みたが，主なポイントを改めて振り返りたい。

　CLIL では「内容」学習と「言語」学習は 1：1 の割合で行うのが理想であり，その「内容」は学習者の興味と動機づけを高める本物の内容であるべき（渡部他, 2011）とされている。これを踏まえ，本単元では教科書本文を単なる学習すべき言語材料と扱うのではなく，生徒が教科書本文の内容自体に深い関心を持ち，高い EG を伴いながら学習できるように様々な工夫をした。例えば，導入時にサンデル教授の実際の講義動画を用いたが，このような authentic material を使用することで内容の魅力を強く生徒に感じさせることができた。Mercer and Dörnyei (2020) は，物理的魅力 (physical appeal)，活動的魅力 (activity appeal)，内容的魅力 (content appeal) の 3 つの魅力を意識することで，EG を高めるタスクをデザインすることができると述べているが，authentic material を用いた活動は，まさにこれらの魅力を満たし，生

徒の EG を高めるために効果的なタスクであると言える。

　また，CLIL の大きな特徴の 1 つとして，タスクにおいて求められる思考力を，Bloom（1956）が提唱した Taxonomy（思考力分類学）に基づき，「記憶・理解・応用」等の低次元思考力（lower-order thinking skills）と，「分析・評価・創造」等の高次元思考力（higher-order thinking skills）に分類していることが挙げられる（30 ページ参照）。これにより，それぞれのタスクに伴う生徒の認知的負荷を明示的に意識できるようになり，よりバランスのとれた多様な学習活動を実践することができるようになる（Coyle et al., 2010; 渡部他，2011）。本実践においても，Bloom の思考力分類学に基づき，それぞれタスクで生徒に課す認知的負荷を無理なく増やしていくことに留意したが，このように適度に認知的負荷を調整していくことは，生徒の EG を効果的に高める上で重要な視点である（Mercer & Dörnyei, 2020）。そして本実践では「分析・評価・創造」等を求めるタスクとして紙上ディベートを実施したが，このような高次思考力を求める活動の実施が，生徒の EG を高めるための手立てとして特に有効であることが，改めて確認できた。

4.2　生徒の自由記述に基づく省察

　本単元での言語活動の中で，生徒の EG が促進された可能性をより客観的に考察するために，単元終了時に生徒に授業の感想を書かせた。生徒たちの自由記述をテキストマイニングの手法を用いて，頻出する概念をまとめたり，概念同士の関連性に注目したりしながら分析したところ，主な意見として次のようなものが挙げられた。

【感想例】
・発想を広げて意見を作り上げ，それを言葉にするのは，グループの方がやりやすいし印象にも残るから授業が楽しい。
・考えた意見について，グループで英訳していく場面や，相手からの反論をグループで考える場面も楽しかった。
・紙上ディベートで相手のグループとお互いの意見をぶつけあうのが楽しい。本気で勝ちにいきました。

　このように，グループでの活動が楽しかった，グループでの活動だからやる気が出た，という旨の記述が多く見られた。本単元で頻繁に協働的な活動を実施したことが，生徒の EG，特に感情的 EG や社会的 EG を効果的に刺激した可能性を表しているだろう。

【感想例】
・ディベートで，相手の意見はなんなのかをしっかりと考えることは面白かったです。
・自分の意見を，どうにかして相手に伝えようと考えるのが楽しかったです。
・考えたことをうまく英訳できず，言葉に詰まって相手を困らせてしまうことが多かった。語彙が広ければもっと楽しいのかもしれないと思った。
・自分の意見を考えてそれを伝えるのは難しいけど，しっかり考えなくてはいけないし，正解がないから余計に面白かったです。

　また，題材に関する自らの意見を考えることが楽しかったと答える生徒も多く，CLIL の特徴である高次思考力を用いる活動が，生徒の認知的 EG を促進したことがうかがえる。一方で，高次思考力を用いる活動に必要とされる英語力の不足について述べる生徒もいるが，このような生徒の気づきも，さらなる学習に向けた EG を刺激する手立てにすることもできるだろう。

【感想例】
・英検や大学受験でも必要となる知識やスキルをつけている感じがした。
・ある程度文法や読解を精読して理解していないとそもそも本文の内容を理解できないと感じた。
・1 人で精読するのではやる気が出ないけれど，誰かに伝えることで自分の中でも整理できて頭に入っている気がした。

　また，「受験」「文法」「精読」といった語が動機づけと結びついていることを示唆するコメントが多く見られた。これは，事前アンケートで明らかに

8

高校①　教科書を用いた Soft-CLIL に基づくエンゲージングな授業

なった生徒の英語学習動機の傾向を改めて示していると言える。Lam et al. (2012) は，EG の促進に影響する「先行要因」の１つとして「動機づけ信念」を挙げており，事前に生徒がどのように学習に動機づけられているかを認識することが重要であると述べている。本実践においても，多くの生徒が大学受験や英語資格によって動機づけられている，という事前情報を十分考慮して言語活動を設計したが，このような工夫が生徒の EG の促進に寄与した可能性があることが，自由記述からもうかがえた。

5　おわりに

　本章では，高校で日常的に行われる検定教科書を用いた英語授業を，Soft-CLIL に基づいた言語活動で実践する中で，生徒の EG がどのように促進される可能性があるかについて紹介した。authentic material の使用や，適切な scaffolding の構築，生徒に課す認知的負荷の調整など，教科書本文を用いた指導に，Soft-CLIL に基づいた工夫を加えることで，生徒の EG を適切に喚起し，維持することができるだろう。特に，協働的な言語活動を実施することは，生徒の「関係性の欲求」を満たしながら，感情的 EG や社会的 EG を効果的に刺激できることがうかがえた。また，EG を効果的に促進するためには，生徒の「動機づけ信念」の傾向を意識しながら言語学習を設計していくことが重要である。目の前の生徒が何を目標に英語学習をしているのか，どのような活動でより動機づけられるのかを十分に意識しながら，生徒による高い EG を伴った行動を促していきたい。

9 高校② 英語が苦手な生徒でも夢中に なれるエンゲージングな授業

Overview　英語が苦手な生徒が大半を占める高校2年生のクラスでの実践例。アメリカのPajama Day（生徒と教師がパジャマで登校する学校行事）に関する英文を読み，生徒が感じた「変」（weird）という感情の定義について議論した。さらに，自分たちの学校の校則についても考え，一見weirdに思われるが，生徒と教師にとって意義のある学校行事をグループごとに立案し，発表させる授業を行った。

1 英語嫌いの生徒もエンゲージさせる授業作り

　筆者は，常に「導入→深化→発展」の流れを意識して授業をしている。導入とは，教材内容に対して生徒の興味を高める段階のことである。深化とは，授業内容と関連した話題について，生徒の経験に基づく関連性の深い議論を行うことで理解を深める段階。発展とは，議論で深めた理解と習得した言語リソースを用いて，自己表現させる段階を意味する。

　本実践で紹介する高校2年生のクラスの生徒たち（男子18名，女子8名，計26名）は，大半が英語に強い苦手意識を抱いている。ほとんどの生徒が英検3級レベルに留まっており，学習への意欲もさほど高くない。大学受験では，英語を必要としない受験方法を希望する生徒が多く，できれば英語は学習したくないという生徒ばかりである。

　そうした生徒にも，「導入→深化→発展」という授業モデルは，エンゲージメントの向上に有効なものであると感じる。

　まず導入の段階で学習内容が「つまらない」と認識されてしまうと，あとでどんな働きかけをしても，生徒は授業にエンゲージしなくなる。そのため，導入では生徒の関心を引きつける身近な事柄から対話を始めるようにしている。例えば，「外国語学習から考えるアイヌ語」というテーマで授業を行うとする。最初に，「洋楽を聞いていたら英語は話せるようになる？」と問う。「話

せるようになるって聞いたことある！」「聞き流しだけじゃ無理！」などと
様々な声が上がる。「ではイタリア語の曲を聞いていたらイタリア語を話せ
るようになる？」と聞くと，全員が「それは無理！」と答える。「では外国語
を話せるようになる仕組みってなんだろうね？」と問うと，生徒の興味が刺
激され，エンゲージメントの喚起につながる。

　理解を深める段階では，生徒が「なぜ？」と疑問を抱き，当事者意識を持っ
て議論に参加でき，深い理解へ導く発問を行う。「アイヌ語って継承してい
く必要ある？」と聞き，「ウチらはなくても困んない」という無意識的な回答
があったところで，「じゃあいらないんだね」と聞き返すと「それはひどい」
と emotional な回答が返ってくる。「では，アイヌ語のような消滅危機言語
を残す意義って何だと思う？」と問い，生徒を深い理解へ導く。

　発展では，アウトプット活動に挑む。本実践のように，英語が苦手な生徒
たちにアウトプット活動へ挑戦させる際には，「達成可能だ」と思える仕掛け
や補助を生徒に示すことが重要である。まず教師から明確なゴールイメージ
の共有を行うことが不可欠だ（評価基準，使用してほしい文法，良い発表の
ポイントなどの説明）。さらに，作業中の生徒に助言を与え，彼らの課題達成
までの支援を継続的に行う。このように英語が苦手な生徒たちでも十分にで
きると思えるように支援し，成功体験へと導くことが重要である。

2　授業計画—アメリカの Pajama Day の授業（高校 2 年生）

　この単元での学習目標は，アメリカの高校行事である Pajama Day（*BIG
DIPPER English Communication II*, Lesson 1 数研出版）の文章を読み，"weird"
という言葉の捉え方を再考することである。それに伴う言語目標として，「受
動態」と「不定詞」の形式を理解させ，習熟を図る。また，技能目標として，
受動態と不定詞を使用して「第一印象は変だが、内容的には意義のある学校
行事」という条件で行事を立案させ，スクリプトなしで発表できるようにす
る。表 9-1 に，単元計画を示す。

表 9-1：授業の流れ（単元計画：全 12 時間）

時	主な活動
1・2	文法学習・習熟練習
3・4・5・6	本文理解
7・8・9	グループごとの発表準備
10・11・12	発表本番

3 実践事例

　本章では，高校 2 年生の 5 月に行った英語コミュニケーション II を紹介する。アメリカの高校で開催される Pajama Day に関する文章を読みながら「変」(weird) という表現の意味を深く理解することを本単元での主眼とした。筆者の勤務校では，ある時期から学校生活規則が大幅に変更され，髪の色は自由で，制服着用義務も無くなった（式典を除く）。このような環境で学校生活を送る生徒自身の経験と本単元で扱う行事の双方を比較することで，当事者意識を持って学習に取り組む授業を目指した。

《 Content 》アメリカの学校には Pajama Day という行事があり，その日は教師も生徒もカラフルなパジャマで登校する。他にも Crazy Hair Day や Character Day など，日本では馴染みのない行事が紹介されている。このような行事が多い理由は 2 つある。1 つは，日々追われる勉強の息抜き。もう 1 つは，学校への寄付のためだ。パジャマで登校する子どもは，学校に小額の寄付をしなければならず，その寄付金は施設の修繕などに役立てられる。

3.1 導入

　本章で紹介する実践例は，3 時間目の本文導入時からの展開に相当する。発表は，通常であれば，1 時間程度で済むが，本実践では，発表中，全員が全員を称え，終始盛り上がる雰囲気となっていたため，あえて時間制限を設けず，発表後の Q ＆ A も自由に気の済むまま行わせた結果，3 時間もの時間を費やすに至ったが，教師・生徒共に幸福度の高い時間となった。

9

高校②　英語が苦手な生徒でも夢中になれるエンゲージングな授業

導入では，生徒の意欲や興味関心を喚起し，生徒と題材との距離を縮めることを意識する。まず，本文読解の前に教科書内に出てくる3つの行事のうちの1つ，Crazy Hair Day について紹介し，「こんな行事をうちの学校でもやってみたらどう？」と聞いてみた。その質問に対する生徒の考えを PC で答えてもらい，回答をスクリーンに投影した（Pear Deck という Google スライドの拡張機能を利用）。生徒からは「自分たちの学校にも Crazy Hair の生徒がいる（笑）」「非常識」「日本じゃ無理だ」という回答が出てきた。そこで "Why is it impossible to organize such events in Japanese schools?" と聞くと「目立ってイジメに遭う」や「学校のルールを破ってるから」という意見が出てきて，興味が喚起されている様子が見られた（**感情的 EG**）。さらに，"As you can see, my natural hair color is brown. So, I was always scolded by many teachers. And I was told to change my hair color into black." という筆者の個人的な経験を生徒に伝えると，「地毛でも怒られてたんだ」という反応や，「ウチも地毛が茶色だけど1回も怒られたことがない」という経験が共有され，全員が一緒に考え，発言できる話題で議論を行い，題材に対する興味をさらに高めていった（**感情的 EG・認知的 EG**）。次に，図 9-1 の写真を見せ，英語で描写するよう指示した。

図 9-1：中国の学校の教室で子どもが寝ているシーン

　その後，中国人の生徒が机の上で昼寝をしている様子についてどう思うかを生徒へ尋ねると，「常識的じゃない」という声が溢れた。そこで筆者は「じゃあ，常識的じゃないことは悪いことなの？」と日本語で聞くと黙り込んでしまった。そこで「『常識じゃない』って言葉の意味は想像以上に複雑だし，教科書を見たらその真意がわかるよ」と伝え，興味を掻き立て（**認知的 EG**），本文読解へと導いた。

3.2　理解の深化― weird という表現の深い理解

　導入後の本文読解が終了したところで，理解の深化を促す。筆者は "Is it weird for students to sleep on their desks during class?" と質問し，PC を通じて英語で回答してもらった。

> 【生徒による回答例】
> ・We think it's strange. Because normally teacher gets angry if we do it in school.
> ・It's very weird that everyone is doing what they're told is wrong over here.
> ・It's not weird because everyone has a human right to sleep everywhere.

　なお，ここでは DeepL などの翻訳アプリの使用を認めた。意見はあるのに英語を繰り出せないせいで授業に参加できないという状況を作らないためである。翻訳アプリを使用したとはいえ，ここでは仲間の考え（内容）に注意が向けられるため，生徒は良質な英語表現（インプット）に触れる機会を得ることが可能となる。また，上のようなやや複雑な文法形式（仮主語や連鎖関係代名詞など）を含む回答が出てきても，生徒たちは面白い内容には自然な反応を示していた。そのような事実からも，英語が苦手な生徒たちを指導する際には，翻訳アプリの使用を許可して「内容」のやり取りに注意を向けさせることが，エンゲージメントの維持にとって効果的であると考える。

　そして，次のような質問を日本語で投げかけた（核心を問う重要な質問であるため）。「自分たちの学校は校則が見直されて，いろんな髪の毛の色をした生徒やピアスを開けている生徒もいれば，制服を着ている生徒，滅多に見ないような服を着ている生徒もいるけれど，これって入学当初どう思った？」 生徒はすぐに反応し，「怖いと思った」「赤い髪の生徒がいてやばいと思った」などといったネガティブな反応（**感情的 EG**）を示した。さらに筆者は "Do you still have the same feelings?" と質問すると，「もう慣れた」と回答。「じゃあ，What is the meaning of weird?」と質問を投げかけると，生徒は険しい表情になり，言葉に詰まり始めた（**認知的 EG**）。そこで筆者が "Why don't you think it's a bad idea when you see a student with red hair?" と質問すると，生徒からは「しゃべってみたらめっちゃ普通だった」「見た目によ

9

高校②　英語が苦手な生徒でも夢中になれるエンゲージングな授業

らず優しかった」という回答が出て，教室中に共感の声が広がった（**感情的 EG・認知的 EG**）。そこで，筆者は，自分たちにとっての「普通」と相反するものを目にしたり，聞いたりした時に，人は無意識的に「変」(weird) と決めつけてしまうと説明した。

　このあとすぐに，生徒の経験を共有する場面を作った。髪色がピンクであることを見知らぬおじさんに怒られたという経験や，髪の毛を染めてピアスもつけているせいでバイト先の先輩から「飲みに行こう！」と誘われてしまった経験などが共有された。その経験を聞いて他の生徒からも「自分も同じ経験ある！」「ウチも同じこと感じたことある！」という共感の声が溢れた。そして筆者から，学校の校則が見直された理由を weird と関連づけて以下のように話した。「学校生活規則の改定は，学校外の人にとっては，"変"なことかもしれない。でも，先生たちは，みんなが他者をリスペクトできる人間になってほしいという願いを持っている。だから，校則改定の決定はみんなの人生にとってもすごく意義があることなんだよ」と日本語でまとめた。

3.3　発展─発表で成功体験へ導く支援

　発展の段階では，「奇妙だけれども価値ある行事」(Consider a weird yet valuable school event) というテーマで企画を 3 ～ 4 人組で立案してもらい，発表を行った。さらに，Q & A の時間も設けた。ここでは「達成可能だ」と思うことができ，「成功体験」を味わうことができるような支援を教師が生徒へ与えることが重要である。今回は，このクラスでの初めての発表活動だったこともあり，準備時間を 3 時間確保した。発表内容の立案作業を 3 つのステップに分割し，各時間のゴールを明確にして準備にエンゲージできるよう促した。1 時間目と 2 時間目は主にアイディアを出すための支援を行い，3 時間目はスクリプト作成（英語での言語化）のための支援を意識して指導に取り組んだ（**行動的 EG・社会的 EG**）。

表9-2：発表準備の3ステップ

●準備1時間目：立案作業①トピックの選定

▶「内容（マクロ）の支援」として筆者がモデル（QRコード資料1）を見せ，発表のイメージを摑ませる。

発表構成を説明し，それに沿って準備ができる資料（右図：QRコード資料2）を配布する。不安感を減らし，達成可能性を感じさせるためである。

●準備2時間目：立案作業②利点・効果のデータ収集

▶「内容（ミクロ）」のアイディアを生み出す支援としてTikTok上に投稿されている海外の学校行事を見せ，利点・効果の分析セッションを行う。

●準備3時間目：立案作業③スクリプトの作成

▶「言語の支援」として生徒が不安なく英語を書き出していけるように，スクリプトのモデル（QRコード資料3）と，フレーズ集（QRコード資料4）を配布する。そして，翻訳アプリの活用を認め，教師の継続的な支援により，スクリプトの完成へと導く。

【使用した資料はQRコードから】

資料2
【Consider a Weird yet Valuable School Event！】

●発表構成
【はじめに】→weird で valuable な要素を兼ね備えた学校行事を紹介
【Body1】→この行事が学校に与えるプラスの影響
【Body2】→この行事が地域に与えるプラスの影響
【まとめ】→このイベントがもたらす影響をまとめる

▶立案するイベントが決定したら，表の右側に日本語で左側の問いに答えてみよう！

【立案イベント】

【はじめに】	
①イベントの紹介・目的	
【はじめに】	
②イベントの詳細は？（例：開催時期・ルール etc）	
【Body1】	
③イベントを行うことでどのように学校へプラスの影響があるか？	
【Body2】	
④イベントを行うことでどのように地域へプラスの影響があるか？	
【まとめ】	
⑤イベント内容のまとめ	

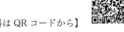

4 授業分析―エンゲージメントを高めるストラテジー

4.1 興味を掻き立てる空間づくり

　導入の段階では，生徒の興味関心と授業題材との距離を縮めていくことを意識した。そのために，まずクラスの全員が授業へ参加できるよう，知識がなくても議論へ参加できる発問を用いるようにした。さらに，生徒が自らの経験で語ることができるトピックへと導いた。今回は，「髪の色」の「常識」

9
高校②
英語が苦手な生徒でも夢中になれるエンゲージングな授業

「非常識」について問いを立て，生徒が「なぜだろう？」と考える場面を多く作った。特別個人的関心があるわけではない教科書の新しいトピックと生徒たちの距離を近づけるためには，このように導入の段階で認知的エンゲージメントを促進することが有効だと思われる。それによって，生徒たちも教科書本文の内容に興味を持つことができ，目的を持って読解活動に取り組むことが可能となるからだ。

4.2 当事者意識を高める発問と対話の設計

理解を深める段階では，生徒が当事者意識を持って議論をできるような発問を行った。本実践では，"weird"という表現の意味を深く理解することを目指して，これに関連する生徒の経験を引き出す対話場面を設けた。こうした個人の経験を表現する場面の創出は，自然に生徒の当事者意識を高め，彼らを学習内容に深くエンゲージさせる。結果として，生徒たちの「もっと話したい！」という意欲を掻き立て（**感情的 EG**），議論を活性化させたのかもしれない（**認知的・社会的 EG**）。

4.3 支援がもたらす安心感と挑戦意欲の高まり

発展（発表作り）の段階では，生徒の不安を取り除くことと，Vygotsky (1978) が提唱した最近接発達領域（27 ページ参照）を念頭に置いて，3 つのステップで生徒の支援を行った。発表準備に難しさを感じている生徒に向けて，①明確な行動目標を示し，必要な②内容的補助と③言語的補助を与えることで，達成可能であるという気持ちを持たせ，意欲を高めることをねらった。それと同時に，筆者は教室を巡回しながら声をかけ，継続的に精神面・作業面での支援を行った。すると生徒は前向きな気持ちを持つことができ，積極的に発表の準備に取り組む姿勢を見せた。結果的に，こうした支援が，達成可能性を感じさせるだけでなく，挑戦意欲を高めることにもつながった。そして，生徒一人ひとりが自信に満ち溢れた発表を行い，クラス全員が笑顔になるような時間を作り上げることができた。図 9-2 は，その発表の一場面である。このグループは The Human Library という行事を立案した（世界で『人を貸し出す図書館』として知られているヒューマンライブラリーは，現在 70

カ国以上で開催されているが，生徒はこれを学校行事にするという案を提案した）。

このグループは「高校生が自分の将来に興味を抱かない」ことを問題として提議し，立案した行事を通じて，仕事に対する興味や理解を深めることができ，夢を持つことにつながると主張。さらに，地域から本物の職業人をスピーカーとして招待することで，地域と学校の連携が深まり，地域が生徒を育てることにも貢献するとした。彼らの発表では，生徒が特定の職業人になりきり，発表を行っていた。そして，聴衆から「実際に仕事をしている様子をやって見せて！」という声が上がり，即興劇を披露。クラスは大いに盛り上がった。他のグループでも，アドリブで何かを披露する場面が多くあり，クラス全員がエンゲージする発表となった。

図 9-2：生徒が発表をしているシーン

5　おわりに

筆者は，この単元が終わった直後に，単元の活動を振り返るアンケートを自由記述で行った。以下に 2 つの回答を紹介する。

> ①　今回の単元は，全部時間が経つのが早く感じた。いいこと（笑）
> ②　自分たちが無意識で考えて使う「変」っていう言葉って，使い方によっては凶器になってしまうかもって思った。

①の生徒のコメントは，英語が苦手な生徒でも，エンゲージメントを高め，有意義な学びを共有する授業は可能だということを意味している。ポイントの 1 つは，明確な作業手順を示し，発表構成をそのまま段階的目標（分割したタスク）として生徒に提示し，タスク負荷を下げる配慮をした点が挙げられる。そうすることで彼らは，自分たちの進捗を可視化し，タスクごとに高い集中力を保ち続けることが可能となったのだろう。

また，②の生徒のコメントからは，教科書のコンテンツに対し，当事者意識を持って考えることができたことが読み取れる。教科書には，一見すると

9

高校②　英語が苦手な生徒でも夢中になれるエンゲージングな授業

生徒の実生活上の問題とあまり関連がなく，興味を引きつけにくいトピック
が含まれていることが少なくない。そこをどう料理するかが教師に求められ
るところである。そこでまずは，生徒の経験ベースで議論を行い，生徒の考
えを積極的に議論の土俵に上げる。彼らの一面的なものの見方に批判的な角
度を加え，認知的エンゲージメントを刺激しながら，彼らの考えと真実との
ギャップに気づかせるように対話を展開する。最後は，あえて教員が主導と
なり議論をまとめることにより，生徒は深い，確固たる考えを持つことが可
能となる。生徒と教師，あるいは生徒同士が持てる力を寄せ合って構築する
教室対話そのものが，生徒たちのエンゲージメントを掻き立て，結果的に有
意義な学習を促進することにつながったのではないかと考える。

Overview　Johnson and Johnson (2018) が提唱する協同学習を効果
的に実施するための5つの基本的構成要素を取り入れたグループワークの授
業例。グループメンバーと英語スクリプトを作成し，台詞を暗唱した後，最
後にクラス内で英語劇を披露する。学習者が協同学習理論の基本的構成要素
に基づいてグループワークを実施すれば，学習者のエンゲージメントを高め
ることが可能となる授業について紹介する。

1　グループワークでエンゲージメントを高める授業

　教員なら誰しも，学習者がタスクやグループワークに能動的かつ熱意を
持って取り組めるような授業デザインについて，日々悩み考えているのでは
ないか。Dörnyei and Kormos (2000) は，学習者の能動的なエンゲージメン
トこそが，言語学習において重要な関心事であると指摘している。本章では，
学習者のエンゲージメントを高める方策として，「協同学習理論」に着目する。
グループワークを効果的に進める学習法・指導法として，長年注目されてい
るのが協同学習である。Johnson and Johnson (2018) は，協同学習を効果
的に行うためには，学習者をグループに編成して学習を行わせるだけでは不
十分であり，5つの基本的構成要素，すなわち Positive interdependence (積
極 的 相 互 依 存)，Individual accountability (個々の責任)，Promotive
interaction (促進的相互作用)，Social skills (社会的スキル)，Group
processing (グループの改善手続き) をグループワークの実践において組み込
むことが重要であると指摘している (次ページ表 10–1 参照)。

　これまでの研究で，協同学習理論を取り入れた英語授業については，言語
面・認知面・情意面において，学習者に良い影響を及ぼすことが報告されて
いる (Dörnyei & Murphey, 2003; McCafferty et al., 2006; Yoshimura et al.,
2023)。そのため，協同学習理論を取り入れたグループワークを行うことで，
学習者のエンゲージメントを高めることが期待できる。

表 10-1：協同学習理論の 5 つの基本的構成要素
（Johnson & Johnson（2018）を参考に著者作成）

積極的相互依存	「みんなで協力して目標を達成しよう」という考え方。一人ひとりの働きが重要で，個々の成功が全体の成功につながる。
個々の責任	「自分の役割をきちんと果たそう」という姿勢。自分の働きがチーム全体の結果に反映され，個々の働きが評価される。
促進的相互作用	「互いに助け合い，支え合い，学びを深めよう」という行動。一緒に問題を話し合ったり，理解を深めるために説明し合ったりする。
社会的スキル	「他のメンバーとうまく活動しよう」とするためのスキル。リーダーシップを発揮したり，他のメンバーとコミュニケーションをとったりする。
グループの改善手続き	「自分たちの活動を見つめ直し，改善点を見つけ出そう」という評価と反省のプロセス。

2 授業計画—英語劇による授業（大学 1 年生）

実践の概要は，次の通りである。

＜単元目標＞

協同学習理論に基づいたグループワークを実施しながら，英語でのディスカッションによるスクリプト作成，及び英語劇を披露することができる。

表 10-2：授業の流れ（単元計画：全 5 時間＋英語劇プロジェクト 2 時間）

時	主な活動
1・2	謝罪や命令に関する英語表現を学び，英語で伝え合う
3・4	協同学習によるグループワークを実施し，英語で伝え合う
5	英語ツールや生成 AI を活用しながら，英語で伝え合う
単元後	英語劇プロジェクトと英語劇披露会

3　実践事例

　大学１年生の春学期に行った英語劇に関する実践授業について紹介する。学生たちは普段の授業で，インプット（リーディング・リスニング）とアウトプット（スピーキング・ライティング）を連動させた英語タスクをグループワークとして行っている。例えば，リスニングでインプットした会話文をペア／グループワークでディクテーションやリピーティング，さらには会話文を暗唱することで，インプットした内容をアウトプットするタスクを実施している。しかし，言語はコミュニケーションのツールである以上，形式的に反復練習をしてもあまり効果的ではない。リアルな会話場面を想像しながら会話の登場人物になりきってアウトプットの練習をすることが重要である。

　本実践では，(1) 普段からリアルな会話場面を想定しながら，英語を発話することで，英語劇に対する学生のエンゲージメントを高める，(2) 協同学習理論を取り入れたグループワークを行うことで，学生のタスクへのエンゲージメントを高めるように仕向ける。その上で，英語劇の創作活動を通じて，これまでの授業で習得した表現（自己・他己紹介，依頼，許可，提案，謝罪，命令の表現など）を活用しながら英語スクリプトを作成し，学生が英語劇の上演でこれらの英語表現を披露できるようになることが目標である。以下に，具体的な指導展開を示す。

3.1　「準備」段階─協同学習によって，グループワークにエンゲージする

　筆者は普段の授業において，協同学習理論の５つの基本的構成要素を取り入れたグループワークを行っている。本実践授業では，協同学習理論の基本的構成要素に学習者の意識を仕向けるよう，教員からの口頭による協同学習理論の説明と表 10-3（次ページ）のようなパワーポイントのスライドを掲示しながらグループワークを実施した。

10

大学　協同学習理論に基づくエンゲージングな授業

表 10-3：グループワークの指示内容

下記の点に十分に留意しながら，グループワークを実施してください。

a) メンバー同士でお互いに助け合い，尊重し合いながらタスクを遂行すること。【積極的相互依存】

b) 自分の役割をしっかり果たすこと。進行係，激励係，記録係など役割分担をする。【個々の責任】

c) メンバー同士で助け合い，励まし合うこと。【促進的相互作用】

d) 誰もが話し合いに参加できるようコミュニケーションを密に行い，グループワークを円滑に進めること。【社会的スキル】

e) グループワーク中，メンバーの良い点を積極的に褒め，修正すべき点や反対意見があれば丁寧に伝えること。【グループの改善手続き】

　学生は協同学習理論の 5 つの基本的要素を意識しながらグループワークを行うことで，認知的・感情的・行動的・社会的 EG を高めることが可能となる。学生に課す英語劇タスクは以下の通り。

【英語劇タスク】

・英語劇用のスクリプト（100 words 以上）を作成すること。

・グループメンバー全員が登場人物になること。

・グループメンバーと 1 分半以上の英語劇を演じること。

　学生は 2 ～ 3 名のグループメンバーと協力しながら，最初に英語劇用のスクリプト（台本）作成をする。基本的には英語でオリジナルストーリーを作成する。自作が難しい場合は，テキスト掲載の会話文をベースに作成する。自分たちの身近な話をしながら（例えば，週末の予定，アルバイトの体験談，夏休みの予定など），大まかなストーリー構成を考案し，具体的な英語台詞を作成していく。グループメンバー全員が劇の登場人物となるので，みんなで 1 つの作品を作るんだという意識が高まり，劇全体のストーリーに対するこだわりが強くなる（**感情的 EG**）。またメンバーと話し合いを重ねる中で，メン

バー全員がグループワークに貢献しようとする姿勢が生まれ，グループ内のディスカッションが活発になる（**行動的・社会的 EG**）。

3.2 「深める」段階―台詞を修正し，劇全体の演出を考える

スクリプトが完成したら，英語表現についてグループメンバーと綿密にチェック作業を行う。Grammarly や Deep Write などの英語ツールのみならず，ChatGPT などの生成 AI を利用し，特に言語面で修正が必要な箇所について，グループメンバーと議論する（**認知的・行動的・社会的 EG**）。教員はファシリテーター役となり，教室を巡回しながら，時に各グループの議論が活性化するように教育的介入を行う。英語スクリプトが完成したら，次に台詞の読み合わせを行う。台詞を音読しながら，修正すべき箇所がないか，発音・ストレスが間違っている語句がないかをグループメンバーとお互いに確認する（**認知的・行動的 EG**）。教員は各グループの様子を窺いながら，発音ミスや内容・言語面で修正が必要な箇所について，個別にフィードバックを行う。

台詞の読み合わせが終わったら，最後に演出面についてグループメンバーと議論する（**認知的・社会的 EG**）。音読劇ではなく，実際に演技が求められるので，どのように劇を開始するのか，立ち位置や人の動きはどうするのか，ジェスチャー，アイコンタクトなど，非言語面に関する演出もメンバーと一緒に考える（**感情的・認知的・行動的・社会的 EG**）。人間同士のコミュニケーションにおいて，言語はあくまでもその一部分を担うに過ぎない。会話場面における非言語面について考察することで，言語面のみならず，非言語面においても，学生をより深い理解へと導くことにつながる。

3.3 「表現する」段階―台詞を暗唱し，表現させる

最後に自分たちが創作した英語劇をクラスメートに披露する。学生は台詞を暗唱するために，何度も自分の台詞を声に出して完璧に台詞を覚える必要がある。各自での練習も重要だが，学生には英語劇の披露までに何度もグループメンバーとリハーサルすることを求めている。コミュニケーションは独立して存在するものではない。他者とのインタラクションを通じて行うも

10

大学

協同学習理論に基づくエンゲージングな授業

のである。そのため，自分の台詞のみならず，他のメンバーの台詞も含めた
会話の文脈を意識しながら，暗唱できるようになることが重要である。また
リハーサルを協同で行うことで，台詞や演出の修正点を見つけたり，お互い
に台詞の暗唱チェックや発音ミスがないかを確認することが可能である。

　学生は何度もグループメンバーとリハーサルを重ねながら，少しでも自分
たちの英語劇が良い内容となるように，また良いパフォーマンスができるよ
うに本番直前まで話し合いを重ねる（認知的・行動的・社会的EG）。この段階
になると，教員の介入はほとんど必要がなくなる。学生たちは英語劇パ
フォーマンスの成功に向けて，一致団結する。一致団結したグループによる
英語劇は，言うまでもなく良いパフォーマンスとなる。良いパフォーマンス
は，オーディエンスである他のクラスメートを刺激し，「あのグループより
もっと良いパフォーマンスを披露するぞ！」という良い競争関係へとつなが
る。

3.4　学生たちによる英語劇の実践例

　クラスメートの前で，グループメンバーと良いパフォーマンスをしたい（感
情的EG）学生は，実際のパフォーマンスにおいて細部にまでこだわった英語
劇を披露する（認知的・行動的・社会的EG）。図10–1のグループは，ある本を
開くと幽霊が出現するストーリー設定で，登場人物の1人が好奇心からその
本を開いてしまい，友人たちに "Sorry, I shouldn't have opened the book!"
という謝罪の表現を用いていた。幽霊役は白い衣装をまとい，幽霊に扮して
人間たちを追いかけている。また教室外の廊下のスペースも活用して，人間
が幽霊から必死に逃げ回る演出を取り入れた。

　図10–2は小道具（スマホ画面に拳銃を表示している）を用いた劇の実践例
である。スマホ拳銃を手にした銀行強盗役の学生は，早口でまくし立てるよ
うに "Put your hands up! Hurry up! Don't move!" という命令表現を用いて，
緊迫した様子を演出している。拳銃を向けられた学生は，ハンズアップの
ジェスチャーをして，無抵抗の意思を示している。ここまではよくある銀行
強盗のストーリー展開だが，このグループはストーリーにオチをつけるため
に，別の銀行強盗を登場させる。銀行強盗が別の銀行強盗に恐喝されるとい

図 10-1：幽霊をイメージした白い衣装

図 10-2：別のスマホ拳銃強盗が登場

う予想外のストーリー展開に，クラス中が驚きと笑いに包まれた。

4 授業分析―エンゲージメントを高めるストラテジー

「学習者のモチベーションを高めるだけにとどまらず，様々なタスクやアクティビティーにエンゲージさせたい」(Mercer & Dörnyei, 2020; 鈴木・和田 (訳) 2022, p. 20) ということに教員は日々関心を抱いている。学習者のエンゲージメントを高めるには，教員と学生の信頼関係，ポジティブなクラスルーム，グループダイナミクスなど様々な要因があるが，グループワークを行う上では特にグループメンバーとの協同関係が重要である。そのためにはグループワークを行う際に，重要な理論的背景となる協同学習理論の 5 つの基本的構成要素を踏まえたグループワークの実施が必要となる。

本実践では学習者のエンゲージメントを高めるために，どのようなストラテジーが用いられていたかを分析してみたい。

4.1 集団凝集性を高める（EG を喚起するストラテジー）

本実践では，英語劇への興味関心を喚起するために，まず学生に対して演技をすることは特別なことではなく，むしろ日常における人間の意識的・無意識的な所作であることを教員から説明した。例えば，人は普段から家での自分，友達といる時の自分，学校での自分，アルバイト先での自分をそれぞれ演じている。ここで何名かの学生はその説明に頷く。さらに演劇で自分と違うキャラクターを演じることにより，人前で自分ではない他者になることが可能だと伝えると，学生は「自分」の新たな可能性について想像をふくらませる（感情的 EG）。この導入により，学生は「こんな人を演じてみたい！」

107

「こんな人間になってみたい！」という好奇心を抱きながら，スクリプト作成に臨むことが可能となる（**感情的・行動的 EG**）。

　またグループワーク実施前に協同学習理論の 5 つの基本的要素について口頭説明したことで，学生たちはグループワークの開始時から他のグループメンバーと積極的に協力しながらタスクに取り組む姿勢を持つことができた。Mercer and Dörnyei（2020）は，グループの生産性を高めるためには，集団凝集性を高めることが重要だと指摘している。集団凝集性とはグループの親密度とメンバーの帰属意識の強さを指す。メンバー同士の結束力が強いグループは，連帯と調和のムードが見られ，より積極的にグループワークに取り組む（**行動的・社会的 EG**）。こうした集団凝集性を高めるためには，協同学習理論に基づいたグループワークを実施することが重要だと言える。

4.2　認知的負荷を与える（思考を深めるストラテジー）

　Hattie（2003）は，チャレンジングなタスクを課すことで，学習者により活発な思考を促すことが教員に必要な素質であることを指摘している。そのため，学習者が Bjork and Bjork（2011）による「望ましい困難」（desirable difficulty）をタスクにおいて経験することが望ましい。教員は，学習者が努力することで克服できるタスクを設定することが重要である。本実践では，学習者が英語劇を上演するために自作の英語スクリプトを「創作」することで，Bloom（1956）が分類する学習者の「高次元思考」（30 ページ参照）の促進を目指した（**認知的 EG の促進**）。グループメンバーと独自の英語スクリプトを創作することで，学習者に認知的負荷がかかり，タスクに必死に取り組むようになる。それによって，学習者の思考を深化させることができた。

4.3　SMART を意識した目標設定（EG を維持するストラテジー）

　学習者の EG を維持するためには，明確な目標設定（goal setting）が有効である。Mercer and Dörnyei（2020）は，「SMART な目標設定」をすることで学習者がタスクエンゲージメントを長く維持できると主張する（表 10-4 参照）。

表 10-4：SMART の構成要素（Mercer & Dörnyei, 2020, p. 205）

Specific	具体的（明確に定め，あいまいさがないようにする）
Measurable	測定可能（達成度合いを測れるようにする）
Achievable	達成可能（現実的な内容にする）
Relevant	関連性（最終的に達成したい事項と関連づける）
Time-bound	時間制限（開始時点と終了時点の明確な時間枠を定める）

　本実践では，1）英語のスクリプト作成，2）スクリプトの暗唱，3）英語劇披露という 3 つの活動をグループメンバーと協同で行った。SMART な目標設定をしたことで，学習者はグループメンバーと協力しながら，それぞれのタスクに積極的に取り組むことができた。本実践の SMART な目標設定は，以下の通り。

【本実践の SMART に関する目標設定】

Specific: グループのメンバーと協力しながら，英語スクリプトを作成し，1 分半以上の英語劇を披露する。

Measurable: 授業で学習した英語表現を用いて，英語スクリプトを作成，英語台詞の暗唱，英語劇でのアウトプット。

Achievable: 1）内容支援：モデル提示による内容支援（ストーリー構成の分析），2）言語支援：翻訳ツールや生成 AI 使用の奨励，3）演出支援：モデル分析（テンポ・小道具・衣装など）

Relevant: 授業で学んだ日常生活で用いられる英語表現（自己・他己紹介，依頼，許可，提案，謝罪，命令の表現など）を使って英語スクリプトを作成することによって，それらの表現のリアルな使用場面と関連づける。

Time-bound: 90 分×2 コマ。時間制限のもとで各課題遂行段階を達成するように指示した。ストーリー構成 20～30 分，英語のスクリプト作成 40～50 分，台詞合わせ・リハーサル 20～30 分。

　クラスメートの前で英語劇を披露するというのは，認知的負荷のかかるタスク（**認知的 EG**）であったが，協同学習理論に基づいたグループワーク（**社会**

10

大学　協同学習理論に基づくエンゲージングな授業

的 EG) を行うことで，英語スクリプト作成や台詞の暗唱に積極的に関与し (感情的・行動的 EG)，英語劇タスクに高いエンゲージメントを発揮する結果となった。

5　おわりに

本実践授業を体験した学生から，以下のような感想があった。

> ・グループワークの時に伝わらなかったり，困った時にメンバーが助けてくれたり，教えてくれたりしたので解決することができました。協力して活動することができたので良かったです。
> ・お互いにお話を楽しみながらスクリプトを完成させることができて嬉しかった。
> ・友達と英語のみで会話するというタスクはとても実践的で，楽しく英語を身につけることができるなと思った。

1 人目の学生は，仲間のサポート (社会的 EG) が自分にとっては解決困難なタスクを achievable なものにし，実際に達成したことによって，協同学習によるグループワークを「良いもの」と肯定することができた。学習者としてのポジティブな自己イメージを強化できたことの証左とも言えよう。2 人目の学生のコメントは，協同的取り組みそのものが感情的・認知的 EG を高める営みであることを示唆している。3 人目の学生のコメントは，協同学習によるグループワークが，タスクへのエンゲージメントを高めたことを示している。こうした学生たちの感想を見ると，協同学習理論に基づいたグループワークの必要性が読み取れる。学習者が他の仲間とグループワークを円滑に進めることで (社会的 EG)，タスクへの関心 (感情的 EG)，及びエンゲージメントを高める (認知的・行動的 EG) 授業デザインの視点は，学齢や校種を越えて，今後ますますその重要性を増していくのではないだろうか。

第3部
エンゲージメントの研究

第3部では，学習者エンゲージメントに関する様々な研究例を紹介します。これらの研究は，小中高大の異なる教育環境に焦点を当て，エンゲージメントの要素，発達・変化のプロセス，高いエンゲージメントを持つ学習者の特徴などを多様な方法で調査しています。読者は，エンゲージメントに関する研究を進める際のヒントを多く得ることができます。

11 小学校 エンゲージメントと 内発的動機づけの1学期間の変化

Overview　本研究では，小学生英語学習者のエンゲージメント（行動的・認知的・感情的・社会的）と内発的動機づけの1学期間の変化の傾向を明らかにする。4月中旬〜下旬と7月上旬〜中旬にかけて，事前・事後調査としてオンライン質問紙調査を5件法にて実施した。全体的には，4月時点の方が高い傾向を示し，7月時点では低下している傾向にあることが示された。この結果を受けて，教育現場へ向けて，どのようにすればエンゲージメントと内発的動機づけを高めることができるのかを提言する。

1　研究の背景

　2020年施行の学習指導要領の導入により，小学校中学年では「外国語活動」が必修化され，高学年では「外国語」として教科となった。高学年ではその目標を「外国語によるコミュニケーションにおける見方・考え方を働かせ，外国語による聞くこと，読むこと，話すこと，書くことの言語活動を通して，コミュニケーションを図る資質・能力」（文部科学省, 2020b）を育成することとし，これまでの「聞く・話す」に加えて，「読む・書く」の言語活動が行われるようになった。一方，小学生が外国語（英語）の授業で課題や活動について，どのような興味や関心を持っているのか，積極的に参加し，熱中できているのか，活動自体についてどのように認識しているかについては，現状では明らかになっていない。

　国内においては，学習者のエンゲージメントに関わる実証研究に限りがあり，とりわけ小学生を対象としている研究は少なく，小学生の外国語活動においてエンゲージメントの4つの側面が，1学期を通してどのように変化する傾向があるのかに関する調査は行われていない。また，エンゲージメントと内発的動機づけには関係があると考えられているが（e.g., Oga-Baldwin & Nakata, 2017），エンゲージメントと動機づけがどのように変化するのかを捉

えた国内の研究はこれまでにない。したがって，本研究では，小学生英語学習者を対象にして，学習者のエンゲージメントと内発的動機づけの 1 学期間の変化の傾向を捉えることを目的とする。

2　先行研究

　これまでの研究では，Oga-Baldwin and Nakata（2017）が日本の小学 5 年生 123 名を対象として，エンゲージメントと自己決定理論に依拠した内発的／外発的動機づけ（Deci & Ryan, 1985）に関する調査を行っている。2013 年 1 月及び 2013 年 3 月の縦断研究において， 1 月時点でのエンゲージメントが 3 月時点でどのように内発的動機づけや外発的動機づけ（具体的には，同一化的調整，取り入れ的調整，外的調整）に繋がるのか，共分散構造分析という要因間の検討を行う数量解析法を用いて分析を行った。結果として， 1 月時点でエンゲージメントを強く感じた小学生は， 3 月時点で内発的動機づけに繋がる可能性があることが明らかとなった。この研究結果から，著者らは，授業内において，エンゲージメントを高めることが重要だと指摘している。

　小学生の動機づけについて，Nishida（2012）では，2008〜2009 年に，小学 5 年生を対象に 4 月， 7 月，11 月， 2 月にそれぞれ質問紙調査を行い，動機づけ，英語学習に対する興味関心，コミュニケーションへの積極性，CAN-DO（英語でどのようなことができると認識しているのか）を縦断的に測定した。その結果， 1 年間を通して，それらの要因は維持あるいは低下する傾向が示された。この他にも， 3 年生， 4 年生， 6 年生の動機づけや情意要因について測定をしたところ，学年が上がるにつれて低下する傾向を報告した研究もある（Carreira, 2006）。

　縦断的に見ると動機づけの低下を示す報告がある一方で，Nishida（2013）では，教育的介入を通して動機づけが高まった研究例を報告している。教育的介入としてミュージカルのプロジェクトを実施した結果，内発的動機づけ，自律性，有能性，関係性，コミュニケーションへの積極性が上昇する傾向にあった。これは，対象者となった小学 5 年生が好み，得意とする歌や劇の活動を英語の授業でプロジェクトとして学年全体で取り組んだ実践であった。これにより，Nishida（2013）は，英語の活動において，児童たちが好きな活

動が取り入れられ，楽しみながら夢中になれるプロジェクトが行われると，その動機づけが向上する可能性を示唆した。

Nishida（2012）と Carreira（2006）では，一般的に何らかの教育的介入なくしては，動機づけは低下する傾向にある可能性が示唆されているため，同様の傾向が，エンゲージメントにも見られると考えられる。その一方で，Nishida（2013）では，プロジェクト介入後に動機づけが高まる傾向を示したため，このような傾向はエンゲージメントにも当てはまる可能性がある。

Oga-Baldwin and Nakata（2017）は，エンゲージメントと内発的／外発的動機づけの縦断的な関係性を調査する研究であったため，小学生のエンゲージメントの各側面がどのように変化するのかについての研究はまだない。また，動機づけの変化の傾向を捉えた研究はあるが（Carreira, 2006; Nishida, 2012），エンゲージメントの変化を捉えた研究は国内ではこれまでに行われていない。したがって，小学生のエンゲージメントと内発的動機づけの変化の傾向を捉えることは，当該研究分野にとって重要な情報となろう。

3　リサーチクエスチョン

以上を踏まえ，本研究のリサーチクエスチョンは，以下の通りである。

> RQ. 小学生英語学習者のエンゲージメント（行動的・認知的・感情的・社会的）と内発的動機づけの 1 学期間の変化の傾向を明らかにする。

4　調査方法

2023 年 4 月中旬〜下旬と 7 月上旬〜中旬にかけて，事前・事後調査としてオンライン質問紙調査を 5 件法にて実施した。この調査は，英語を正式な教科としている国内の 2 つの公立小学校で，高学年の生徒を対象に行われた。調査対象校では，今回の調査時期には，担任教諭と日本人英語指導助手 (JTE) が TT で授業を行い，教科書を用いてコミュニケーション活動，ゲーム，歌を中心に行い，6 年生では，アルファベットや簡単な単語の書き取りなどの書く活動も取り入れた。

　オンライン質問紙で行った調査では，エンゲージメントと動機づけに関わる項目を調査した。欠席や欠損値を除く 175 名（小学校 A（5 年生：44 名，6 年生：59 名），小学校 B（5 年生：40 名，6 年生：32 名））が調査対象者になった。質問紙項目は，行動的・感情的・認知的エンゲージメント（Zhou et al., 2020），社会的エンゲージメント（Khajavy, 2020），内発的動機づけ（Nishida, 2013）をそれぞれ参考にした。また 7 月の調査では，自由記述として，「英語の授業で楽しいなあと思う活動があれば教えてください」を設けた。また，オンライン質問紙調査を実施するにあたり，倫理的配慮として小学校側に許諾を取ったうえで，調査を実施した。統計分析には SPSS ver.28 を使用した。表 11-1（次ページ）に，質問紙項目と信頼性係数を示す。

5　結果

　まず，小学生英語学習者のエンゲージメントの全体傾向を明らかにするために，記述統計を算出した。その結果を表 11-2 に示す。記述統計から，4 月時点で高い数値であった要因は，内発的動機づけ（$M = 3.72, SD = 1.13$）と行動的エンゲージメント（$M = 3.70, SD = 0.85$）であり，7 月時点では，行動的エンゲージメント（$M = 3.60, SD = 0.92$），社会的エンゲージメント（$M = 3.56, SD = 0.98$）であった。4 月・7 月ともに，最も低い数値であった要因は，認知的エンゲージメント（4 月：$M = 3.32, SD = 0.89$；7 月：$M = 3.21, SD = 1.02$）であった。全体的には，4 月時点の方が高い傾向を示し，7 月時点では低下している傾向にあることが示された。

　次に，対応のある t 検定を行い，事前・事後の変化に有意差があるかどうかを検討した（表 11-2）。結果として，感情的エンゲージメント（$t[174] = 3.60, p = .00, d = .27$），内発的動機づけ（$t[174] = 3.12, p = .00, d = .24$）で有意差が確認され，7 月時点で有意な低下があることが明らかになった。効果量については，水本・竹内（2010）による $d = 0.2$（効果量小），$d = 0.5$（効果量中），$d = 0.8$（効果量大）に基づくと，感情的エンゲージメントと内発的動機づけは効果量小〜中，その他では効果量は見られなかった。つまり，感情的エンゲージメントと内発的動機づけは，統計的に見て有意に低下する傾向にあった。

表 11-1：オンライン調査で用いられた質問項目と信頼性係数

要因	項目数	信頼性係数	項目例
行動的エンゲージメント	4	$\alpha = .85$（事前） $\alpha = .89$（事後）	1. 英語の授業内容がむずかしいときも，がんばり続けています。 2. 英語の授業のすべての活動に，積極的に参加しています。 3. 英語の授業の内容がむずかしいときも，自分のベストでがんばっています。 4. 英語の授業での課題を終えるまで，がんばり続けています。
感情的エンゲージメント	4	$\alpha = .93$（事前） $\alpha = .93$（事後）	1. 英語の授業を楽しみにしています。 2. 英語の授業で，新しいことをすることは楽しいです。 3. 英語の授業を受けているときは，気分がいいです。 4. 英語の授業内容は，興味がもてます。
認知的エンゲージメント	4	$\alpha = .86$（事前） $\alpha = .88$（事後）	1. 英語の宿題や課題をするときは，しっかりとできているか確認をしています。 2. 英語の宿題や課題をするときには，どのように解決できるかを考えます。 3. 英語の授業で学習したことを過去に学習したことに結び付けて考えます。 4. 英語の授業で答えをまちがえたときには，なぜ間違えたのかを考えます。
社会的エンゲージメント	4	$\alpha = .82$（事前） $\alpha = .84$（事後）	1. 英語の授業では，クラスメートの考えを理解しようとしています。 2. 英語の授業では，困っているクラスメートを助けています。 3. 英語の授業では，クラスメートと一緒に課題に取り組む方がよいと思います。 4. クラスメートと一緒に英語の授業を受けているときは，自分の考えを伝えています。
内発的動機づけ	3	$\alpha = .91$（事前） $\alpha = .89$（事後）	1. 英語を勉強するのは楽しいです。 2. 英語を勉強して新しい発見があるとうれしいです。 3. 英語の知識が増えるのはうれしいです。

表 11-2：記述統計と対応のある t 検定の結果

要因	2023 年 4 月		2023 年 7 月		T	d
	M	SD	M	SD		
行動的エンゲージメント	3.70	0.85	3.60	0.92	1.80	0.14
感情的エンゲージメント	3.54	1.06	3.31	1.13	3.60**	0.27
認知的エンゲージメント	3.32	0.89	3.21	1.02	1.63	0.12
社会的エンゲージメント	3.60	0.86	3.56	0.98	0.77	0.06
内発的動機づけ	3.72	1.13	3.51	1.16	3.12**	0.24

** $p < .01$

　2023 年 7 月に実施された自由記述調査「英語の授業で楽しいなあと思う活動があれば教えてください」の結果をグラウンデッドセオリーアプローチ（Strauss & Cobin, 1990）に基づいてコード化した。スプレッドシート上の児童たちの自由記述に対して，オープンコード化を行い，有効回答数に基づいてパーセンテージを算出した。5 年生では，有効回答数 53（100%）のうち，ゲーム（40%），交流活動（21%），歌（11%），動画視聴（11%），タブレット活動（4 %），その他（13%）となった。6 年生では，有効回答数 48（100%）のうち，ゲーム（52%），交流活動（21%），発表活動（6 %），動画視聴（6 %），その他（15%）となった。好きな活動として，5 年生・6 年生ともにゲームが最も多く，次いで，先生やクラスメートとの交流がある交流活動や動画視聴も人気が高い。5 年生では歌を歌う活動も好まれる一方，6 年生では発表活動を好む児童たちがいることが明らかになった。

6　考察

　本研究では，小学生英語学習者のエンゲージメントの 4 つの側面と内発的動機づけがそれぞれにどう変化するのかを明らかにした。1 学期のうちに児童の感情的エンゲージメントや動機づけが低下する傾向が見られた。先の研究（Nishida, 2013）では，プロジェクト等の介入が動機づけを向上させることで，エンゲージメントにも良い影響があったと思われるが，調査対象校では，教科書の使用を基本とし，そこに帯活動として歌やゲームなどが加えられて

11

小学校　エンゲージメントと内発的動機づけの 1 学期間の変化

いた。当該小学校の先生方からは，外国語活動として行っていた授業と比べると，自由度が限られてしまうことや，教科書の使用を基本とした授業構成となるため，以前のように楽しい活動を中心に授業が行うことが減っていること，書く活動の導入により苦手意識をさらに強くしている児童がいることなどにより，児童たちのやる気が低下している気がするとの意見があった。

　一方で，行動的，認知的，社会的エンゲージメントは，1学期を通して若干低下する傾向にあったが，有意差はなかった。行動的側面においては，児童たちは，授業内容が難しくても頑張っていると認識しており，また認知的側面においては，英語の宿題や課題をする時は，しっかりとできているか確認したり，間違えた時には原因を考えたりしていた。行動面，認知面においては，他の教科と同様に教科書を用いた授業を行っていたため，児童たちが授業としての英語の学習を頑張り続けた可能性があるとの意見も聞かれた。

　社会的な側面については，授業中にはクラスメートの考えを理解し，お互いに助け合いながら協働で課題を解決していたと認識している傾向が見られた。これは，他の教科でもペアやグループ活動が行われていることから明らかで，教師と児童，また児童同士の良好な関係性が保たれていることがうかがえる。その結果，教室内の良好な人間環境が保たれていたと考えられる。

　エンゲージメントや内発的動機づけを高めるためには，児童の好む活動やタスクの導入が考えられる。児童の好む活動やタスクが何であるかを探り，授業内において学びの自由度を持たせ参加度を高めると，エンゲージメントや内発的動機づけが高まる可能性がある。また教室内の環境をよりよく保ち，ペアやグループ活動を取り入れ，教師と児童，児童同士が良好な関係性を維持できれば，エンゲージメントと内発的動機づけを高める可能性があると考えられる。

7　まとめ

　今後，さらに高度な英語運用能力の育成が期待される中で，学習者を学習に向かわせることや関心意欲を高め，どのように集中力を維持させる活動を教室内で行えるかを検討することは重要な課題となろう。また，本研究の結果を調査対象となった小学校の先生方にお伝えしたところ，小学校で，英語

の教科書をどこまで進めるべきかを悩んでいる，授業をする中で書く活動をどの程度進めるのかがわからない，単語はどこまで習得させる必要があるのかわからないし，書けた方が良いのかそれとも見て読めたら良いのかわからない，小中連携・小小連携が必要である等の意見があった。このような課題が見られる中で，どのような書く活動や単語の活動が，エンゲージメントを高めることになるのかについては，今後の研究課題となろう。小学校の教育現場では，改訂された小学校学習指導要領に伴って課題も山積しているようにうかがえたため，それらの課題を検討していく必要があるとも考えられた。

11

小学校　エンゲージメントと内発的動機づけの1学期間の変化

12 中学校 エンゲージメントの各側面と周辺要因との関連性

Overview　本研究では，中学生を対象に英語学習におけるエンゲージメントの多面的な構造と，関連する周辺要因との関係性を調査した。アンケートの結果，エンゲージメントは行動・認知的，感情的，行為主体的，社会的側面から成り立つこと，さらに各側面は学習到達度，動機づけ，教師の支援とそれぞれ関連していることが明らかになった。本研究は，エンゲージメントを促進するためのアプローチにおいて，その多面性と周辺要因との関連性に，教育者や研究者が注意を払うことの重要性を示唆するものである。

1　研究の背景

1.1　エンゲージメントの構造

　学習プロセスにおいて，エンゲージメントはどのような役割を果たしているのか？　エンゲージメントの程度は，学業や将来の成功と関連があるのか？　教師はどのような支援が可能か？　このような課題に根差した調査がこれまで行われてきたが (Fredricks, 2022)，その多くはエンゲージメントの特定の側面のみに焦点を当てたものや，複数あるはずの側面を 1 つに集約したものであった。エンゲージメントは包括的なメタ概念であり (Fredricks et al, 2004; O'Donnell & Reschly, 2020)，行動，認知，感情といった側面の概念を精緻化し，これらの概念について教育者と研究者が共通した理解を持つことが非常に重要である (Hiver et al., 2024)。また，「真」のエンゲージメントには，行動，認知，感情の要因すべてが必要である (Mercer, 2019, p. 646; 本書第 1 章 3.1 参照) という主張や，これらの側面が相互に関連していること (Sinatra et al., 2015) を踏まえると，エンゲージメントの複数の側面を同時に測定することで，その構造を詳しく理解できると考えられる。そこで本稿では Okunuki (2024) をもとに，英語学習におけるエンゲージメントの構成要素として，行動的，認知的，感情的，社会的側面（本書第 1 章参照）に加え，近年注目されている「行為主体的エンゲージメント」についても取り上げる。

1.2　行為主体的エンゲージメント（agentic engagement）

　　Reeve and Tseng (2011) によると，行為主体的エンゲージメントとは「生徒が授業の流れに積極的かつ建設的に貢献すること」(p. 258) を意味する。具体的には，生徒が自分の学習したい内容や方法の希望を述べる，授業進行への意見や提案をする，または援助を求めるなどが挙げられる。行動・認知・感情的エンゲージメントが，与えられた授業や課題への受動的な関与であるのに対し，行為主体的エンゲージメントは，生徒が自分の学習を主体的に捉えた，授業進行への前向きで能動的な関与であり，教師や仲間を通じ，自分と全体にとってより有益な学習環境を作り出すそうとする行為である (Dincer et al., 2019; Reeve & Tseng, 2011)。

1.3　エンゲージメントの周辺要因

　　エンゲージメントと関係性の強い周辺要因を把握することは，効果的な指導への近道となる。試験結果や成績などの学習成果，学習者の動機づけ，教師要因は，生徒エンゲージメントと密接な関係があるとされる (Oga-Baldwin, 2019; Reschly & Christenson, 2012, 2022)。本調査では，学習到達度，動機づけの理想第二言語自己（以下，理想 L2 自己），義務第二言語自己（以下，義務 L2 自己），教師による生徒エンゲージメントの支援に焦点を当てる。

　　エンゲージメントと学習到達度の関係性については，これまでいくつかの調査によって関連性が検討されてきた。例えば，理科と数学では，アメリカの中高生を対象に，行動的，認知的，感情的，社会的の 4 側面と学習到達度の関係性が調べられている (Wang et al., 2016)。外国語教育では，大学生を対象に，学習到達度と行為主体的エンゲージメントとの関係性 (Dincer et al., 2019) や社会的エンゲージメントとの関係性 (Khajavy, 2020) が調査されているが，中等教育下の学習者を対象に 5 側面すべてを同時に測定した調査はまだない。

　　理想 L2 自己，義務 L2 自己は，動機づけ自己システム (L2 Motivational Self System: L2MSS) に含まれる概念である (Dörnyei, 2005)。理想 L2 自己は学習者が目標言語の熟達に対する願望や理想により抱く自己像，義務 L2 自己は学習者が周囲からの義務感や責任感によって抱く自己像を指す。学習者のこ

12

中学校 エンゲージメントの各側面と周辺要因との関連性

うした自己に対する鮮明なイメージは，外国語学習の強力な動機づけとなり
うる（Dörnyei, 2009）。動機づけ自己システムは近年の動機づけ研究の中心
を担っている（Mahmoodi & Yousefi, 2022）。イランの調査では 15〜18 歳の
学習者において，これらの概念とエンゲージメントの関係性が見出されてい
る（Ghasemi, 2023）。

　生徒エンゲージメントと教師の支援に関する先行研究には，Dincer et al.
(2019)，Ghasemi (2023)，本書第 14 章などがあり，これらの研究では教師の
支援を「自律性支援」(autonomy support) と定義し，調査している。本調査
では，教師が生徒のエンゲージメントにどれだけ意識を向け，配慮している
かを調べるため，教師の支援を生徒に対する調査と同様にエンゲージメント
の 5 側面で捉えた。

2　リサーチクエスチョン

　本研究では，中学生の英語学習におけるエンゲージメントを多面的に捉え，
それが周辺要因とどのように関連しているかを明らかにする。これにより，
研究分野に新たな知見を提供し，教育現場で生徒のエンゲージメントをより
効果的に促進するための手がかりを得ることを目的とした。この目的のも
と，以下のリサーチクエスチョンを設定した。

> **RQ1.** 中学生の英語学習エンゲージメントは，行動的，認知的，感情的，行為
> 主体的，社会的に，どのような構造をしているか？
> **RQ2.** 中学生の英語の学習到達度，理想 L2 自己，義務 L2 自己はそれぞれ，エ
> ンゲージメントの各構成要素とどの程度関係性があるか？
> **RQ3.** 生徒エンゲージメントを高いレベルで支援する教師の生徒は，エンゲー
> ジメントが高いか？

3　研究の方法

3.1　参加者

　東日本の一般的な 2 つの公立中学校の生徒 645 名（A 校：生徒 285 名，B 校：
生徒 360 名。1 年生：231 名，2 年生：191 名，3 年生：223 名。男子：332 名，女

子：313 名）と，その英語教科を担当する教師 6 名（各校 3 名）が調査に参加した。週 4 回・各 50 分の授業では，教科書に沿って新出単語や文法規則を学び，口頭練習，読み，書き，読解問題といった課題を行っていた。

3.2 データ収集・分析

　質問紙調査を実施した。エンゲージメントの質問項目は，Hiver et al. (2020)，Reeve and Tseng (2011)，Khajavy (2020) を参考に，行動的，認知的，感情的，行為主体的，社会的の 5 因子について，各 5 項目，計 25 項目を用意した。理想・義務 L2 自己（各 5 項目）は Taguchi et al. (2009) を参照し，その他学習到達度（3 項目）を用意した。各項目は参加者に馴染みのある 4 件法（1：当てはまらない〜 4：当てはまる）による回答とした。各項目は日本語に翻訳し，年齢を考慮して反転項目は控えた。2 校の校長が文言を精査し，質問項目の妥当性を確認した。教師のエンゲージメントに関する質問項目は，生徒向けの質問項目をもとに，教師がその内容をどの程度サポートしているかを尋ねる形に変更した。生徒は英語の授業中に，教師は授業外の時間に質問紙に回答した。参加者には調査の目的，回答が成績に影響しないこと，匿名であること，回収後の情報管理の徹底等について説明した。

　分析の対象となったのは，欠損データを除外した 639 名のデータであった。まず，エンゲージメントに関する質問項目について，探索的及び確証的因子分析を行い，その構成要素を確認した（**RQ1**）。次に，学習到達度や理想・義務 L2 自己に関する平均値を算出し，ピアソンの相関分析を用いて，これらの値とエンゲージメントの各構成要素との関連性を検証した（**RQ2**）。教師のスコアに関しては，生徒の因子分析で抽出された項目をもとに，教師の項目に適用し，教師ごとに各因子の平均点を算出した。これにより，個々の教師が生徒のエンゲージメントをどの程度支援していたかを確認した。最後に，担当教師ごとに生徒をグループ分けし，各構成要素の平均点を用いて一元配置の分散分析（ANOVA）を行い，担当教師とエンゲージメントレベルの関連性を検証した（**RQ3**）。

12

中学校 エンゲージメントの各側面と周辺要因との関連性

4 研究の結果と考察

4.1 エンゲージメントの構成要素（RQ1）

表 12-1 に，探索的因子分析の結果を示す。

表 12-1：4 因子モデルによる因子項目と因子負荷量の結果

質問項目	1	2	3	4
行動・認知的（α = .85, ω = .85）				
英語の課題は，最後までやった	0.93	-0.02	-0.17	-0.02
英語の練習問題(ワークなど)は，最初から答えを見ないで，まずは自分で考えて解いた	0.77	-0.04	-0.09	0.06
英語の課題をする時，自分の答えが間違っていないか，気をつけながらやった	0.77	0.03	0.00	-0.03
英語の授業で，先生の話やクラスメートの発言をしっかりと聞くようにした	0.73	-0.16	0.06	0.09
英語で間違えた時は，原因が何だったかを考えた	0.63	0.14	0.11	-0.06
英語の勉強は，難しいところがあってもベストを尽くした	0.57	0.01	0.30	-0.05
英語で新しい内容を勉強する時，自分が知っていることと結びつけて考えた	0.44	0.27	0.17	-0.02
行為主体的（α = .75, ω = .75）				
自分に興味がある英語関係の話を，先生に話してみた	0.01	0.87	-0.16	-0.03
英語の授業で「これは必要だ」と思ったことを先生に話した	0.04	0.83	-0.07	-0.04
英語の勉強で，自分に必要なことや，何がやりたいか，先生に話した	-0.07	0.76	0.04	0.01
英語の勉強に関して，先生やクラスメートに自分の意見を言ったり，提案したりした	-0.05	0.41	0.28	0.26
感情的（α = .70, ω = .72）				
次の英語の授業を，楽しみにしていた	-0.10	0.07	0.88	-0.04
英語の授業では，気持ちが落ち着いていた	0.08	-0.33	0.77	0.01
英語で新しいことについて勉強するのが，楽しかった	0.05	0.14	0.72	0.00
社会的（α = .77）				
英語の授業で，ペアやグループで活動をするのが好きだ	-0.13	-0.02	0.03	0.96
英語の授業でペアやグループで活動する時は，たくさん話して協力をした	0.21	0.00	-0.09	0.83

Note: 社会的因子は 3 項目未満のため，ω 係数は算出不可であった。

　探索的因子分析では，エンゲージメントの項目は，想定した 5 つの因子に分かれなかったため，様々な因子推定法と因子数を試した。プロマックス回転を維持し，各項目の因子負荷量が 0.40 以上となる組み合わせを検討したところ，行動・認知的 7 項目，行為主体的 4 項目，感情的 3 項目，社会的 2 項目によるモデルが抽出され，確証的因子分析にて適合度が確認された（χ^2 = 423.53, df = 98, CFI = .916, RMSEA = .072; CFI は値が 1.000 に近いほど好ましく，RMSEA は値が 0.100 より小さいほど好ましい）。本モデルでは行動的と認知的エンゲージメントの項目が 1 つの因子として抽出されたが，これはいくつかの先行研究（Pekrun & Linnenbrink-Garcia, 2012; Pöysä et al., 2019 など）の主張や結果と一致するものであった。また，国立教育政策研究所（2020）は，生徒の「粘り強い取り組みを行おうとする側面」と「自らの学習を調整しようとする側面」の特徴について，相互に関連しながら学習場面に現れるものであるとしている。これらはそれぞれが行動的，認知的エンゲージメントの一般的な定義と重なるものであるが，中学生にとって，行動的と認知的側面は英語学習の文脈において，1 つの構成要素である（＝重複する特性を有する）可能性を示唆している。

　上記の因子分析から得られた項目をエンゲージメントの尺度として，以後の分析を行った。表 12-2 は，左側にエンゲージメントの各構成要素の記述統計，右側に構成要素間の相関係数を示したものである。右の構成要素間の関係性については，行動・認知的と感情的で高い相関を示し（r = .62），他の

表 12-2：エンゲージメントの平均，標準偏差，因子間の相関

エンゲージメント	平均値／標準偏差		因子間の相関（r）			
	M	SD	1	2	3	4
1. 行動・認知的	3.16	0.65	—	.62**	.37**	.47**
2. 感情的	2.63	0.73		—	.44**	.46**
3. 行為主体的	1.69	0.63			—	.38**
4. 社会的	3.02	0.89				—

Note: ** p < .01

因子ではすべて中〜弱程度 (*r* = .37 以上) であった。このことから，英語学習に行動・認知的にエンゲージする生徒は多くの場合，感情的にもエンゲージしている可能性が高いと考えられる。この結果は，前述の Mercer (2019) や Sinatra et al. (2015) の主張を支持するものである。さらに，これらの側面は，社会的，行為主体的エンゲージメントとも関連し合っていた。

4.2 学習到達度，理想 L2 自己，義務 L2 自己との関係性（RQ2）

相関分析の結果を表 12-3 に示す。学習到達度では，すべてのエンゲージメントの構成要素との間に強〜中程度の相関が見られ，エンゲージメントとアウトカムとの密接な関係性が確認できる結果となった。社会的側面においては，前述の米国の中高生を対象とした Wang et al. (2016) では，相関がない（理科）か，弱程度（数学：*r* = .19）であり，本調査の結果 (*r* = .34) と比較すると，言語学習における社会的エンゲージメントの重要性（本書第 1 章 3.4 参照）が示唆された。しかしながら言語学習における社会的エンゲージメントがアウトカムに至る経緯を明らかにするためには，今後さらなる研究が必要である。

動機づけでは，理想 L2 自己とエンゲージメントの各構成要素との間に，弱程度以上の相関が見られ，感情的 (*r* = .48) 及び行為主体的 (*r* = .46) エンゲージメントで中程度の相関が見られた。義務 L2 自己との相関はすべて弱程度であり，最も高いのが行動・認知的 (*r* = .38) であった。この結果は，前述の Ghasemi (2023) と共通点が多い。日本と同じ EFL 環境（英語を外国語として学ぶ環境）の高校生を対象としたイランのこの調査でも，すべてのエン

表 12-3：理想・義務 L2 自己とエンゲージメントの構成要素との相関

	行動・認知的	感情的	行為主体的	社会的
学習到達度	.56**	.61**	.39**	.34**
理想 L2 自己	.33**	.48**	.46**	.38**
義務 L2 自己	.38**	.30**	.33**	.22**

Note: ** *p* < .01

ゲージメントと理想・義務 L2 自己との間に中から弱程度の相関($r = .46\sim.18$）
が見られ，理想 L2 自己では感情的側面（$r = .46$），義務 L2 自己では認知的側
面（$r = .33$）との相関が最も高かった。中等教育の学習者におけるこのよう
なエンゲージメントと動機づけの関係性は，文化を越えて共通するものかも
しれない。いずれにしても，生徒の理想 L2 自己の育成，または感情的・行為
主体的エンゲージメントの促進は，互いにとって有益となる可能性が示され
た。

4.3 教師によるエンゲージメント支援との関係性（RQ3）

本調査に参加した教師は，およそ 30〜40 人の生徒を持つ 3 〜 4 クラスを
担当していた。教師による生徒エンゲージメント支援のスコアを，表 12-4
及び図 12-1 に示す。

支援のレベルは異なるが，多くの教師は行動・認知，感情，社会的エンゲー

表 12-4：教師 a〜f による生徒エンゲージメント支援のスコア

教師	a	b	c	d	e	f
行動・認知的	3.71	2.57	3.14	3.00	2.71	3.43
感情的	4.00	3.67	3.33	3.00	2.67	2.67
行為主体的	3.75	3.25	2.75	2.25	1.75	2.00
社会的	4.00	3.50	3.50	3.00	3.00	2.00

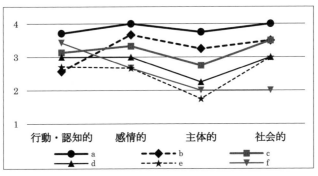

図 12-1：教師 a〜f による生徒エンゲージメント支援のスコア

ジメントの支援で同程度のスコアを示している。一方で，行為主体的エンゲージメントの支援は全体的に低い傾向にあった。教師 b はユニークな特徴を持ち，全体的な支援レベルは高いものの，行動・認知的な支援は最低レベルである。一方，教師 a はすべての構成要素で最高レベルの支援をしている。そこで，a が担当する教え子のエンゲージメントのスコアが他の教師の教え子よりも高いかどうかに注目した。

　次に，表 12-5 は，教師別に分けられた生徒グループのエンゲージメント平均点を示している。ANOVA を用いた分析結果では，すべての構成要素において生徒グループ間に有意差($p < .01 \sim .001$) があり，効果量は小($\eta^2 = 0.03 \sim 0.05$) であった。Tukey の検定によると，生徒グループ a はすべての構成要素で他のグループよりも有意に高いスコアを示した。ここから，最も支援レベルが高い教師の教え子が，最もエンゲージメントのレベルが高いことがわかる。教師 a の結果を踏まえると，最も行動・認知的側面の支援が低い教師 b の教え子は，最も行動・認知的エンゲージメントが低いとも考えられたが，実際は，生徒グループ b の行動・認知的エンゲージメントのスコアは生徒グループ a と同等で，有意差は見られなかった。

　この結果は，生徒の行動・認知的エンゲージメントが教師の同様の支援と必ずしも直接関連しているわけではなく，教師が感情的，行為主体的，社会的側面の支援に力を入れることで，生徒の行動・認知的側面が向上する可能

表 12-5：教師別にグループ分けされた生徒のスコア

生徒 (人数)	a (99)	b (99)	c (87)	d (124)	e (128)	f (102)	F	η^2	事後 検定
行動・ 認知的	3.41	3.30	3.19	3.07	2.98	3.12	6.41***	0.05	a, b > e, a > d, a > f
感情的	2.79	2.80	2.45	2.62	2.58	2.55	3.45**	0.03	a, b > c
行為 主体的	1.86	1.76	1.72	1.76	1.63	1.44	5.62***	0.04	a, b, c, d > f
社会的	3.40	3.11	3.06	2.87	2.87	2.89	5.81***	0.04	a > e, a > d, a > f

Note: ** $p < .01$, *** $p < .001$

性を示唆している。本調査では，教師による支援を，表 12-1 に示された生徒エンゲージメントの 5 側面をサポートする行動として設問したが，Mercer and Dörnyei (2020) は，エンゲージメントを包括的に支援するための教師の行動を提案している（本書第 4 章 Q10 参照）。どのような支援行動が生徒エンゲージメントのどの側面に影響を与え，どのような効果をもたらすかについては，今後の研究課題である。

5　まとめ

　本研究では，中学生のエンゲージメントを複数の側面で捉え，周辺要因との関係性について調査した。結果から，エンゲージメントは行動・認知的，感情的，行為主体的，社会的側面で構成されていること，そしてこれらの側面同士には相関があり，それぞれの側面が，学習到達度，動機づけ，教師の支援と相互に関連していることが明らかとなった。今後の調査では，参加者の自由記述や教師のインタビューといった質的な調査によって，生徒エンゲージメントや教師支援のより詳細な特徴を掴むことが期待される。また，教師のエンゲージメント支援の研究については，調査参加人数を増やして定量的な調査を行う必要があるだろう。

　最後に，本調査で扱った「行為主体的エンゲージメント」であるが，生徒と教師の双方とも，平均値が他の構成要素よりも一段と低かった（表 12-2, 12-4 参照）。多忙なカリキュラムや，30〜40 人学級という背景がある中で，授業では生徒の行為主体性に対応する余裕がなかなか持てないという状況を，生徒は無意識のうちに把握し，先生が求めている以上のことは控えよう，質問をしたら先生やクラスメートに迷惑だろうなどと考えているのかもしれない。Mercer and Dörnyei (2020) は，行為主体的な人とは，自らの環境をより良くするために，進んで改善を試みる人であり，教室は，学習者が自由に発言し行動できる場であるべきだと強調する。中学校の英語教育の文脈で，生徒の行為主体的エンゲージメントはどのような方法で支援が可能なのか，今後さらなる調査と検討が必要である。

12　中学校　エンゲージメントの各側面と周辺要因との関連性

13 高校① 留学を通したエンゲージメントの変化とその要因

Overview　本研究の目的は，留学を通して学習者のエンゲージメントがどのように変化したか，またその背景要因は何かを質的分析を通して明らかにすることである。フィリピンのセブ島へ1週間の留学を経験した日本人高校生学習者を対象とした半構造化インタビューから，留学を通したエンゲージメントの促進には有能性，関係性，自律性の欲求の充足，学習行動の客観視，学習内容と既習事項の結びつけ，適切な教員のサポートが重要な役割を果たしていたことが示唆された。

1　研究の背景

『第3期教育振興基本計画』（文部科学省，2018b）において，令和4年度における日本人高校生の海外留学生を6万人輩出するという目標が掲げられた。この数値は新型コロナウイルスの影響が拡大する前に文部科学省（2019）が行った調査の結果にある海外留学に参加した高校生の生徒数4.7万人を大きく上回る目標であり，日本の高等学校において留学を通したグローバル人材の育成が喫緊の課題となっていることがわかる。学校現場においても留学というのは生徒にとって人生の一大イベントであり，10代という多感な時期に海外という環境に飛び込み新たな挑戦をすることが彼らの進路，将来や人格形成に与える影響が計り知れないことは想像に難くない。また実際の学習場面においても，留学をきっかけとして授業中に没入して課題に取り組む行動，すなわちエンゲージメントをより強めていく学習者が多いのは，日々教室で彼らと接する教員には容易に想像ができることだろう。

一方で，留学がエンゲージメントに与える影響を調査した研究は非常に少ない。留学が英語力に与える影響を扱った近年の研究には鈴木・林（2014）があり，ここでの効果としてはリスニング力，流暢性の向上や文章構成の高度化などが挙げられている。エンゲージメントと比較的類似した概念として外国語学習の動機づけ（モチベーション）が挙げられるが，留学と動機づけの

関連においては小林（1999）が海外の人々に対する否定的な感情が解消され，将来のさらなる留学に対して希望を持つことができるなどの影響を指摘している。また，留学が学習者の個人差要因に与える影響を取り扱った研究としては横田他（2018）があり，留学が学習者の価値観の醸成や能力の向上に加え，学習行動の変化にも影響を与えている点が指摘されている。横田らの指摘から，留学が英語力，動機づけなど元来から英語教育の分野において研究が盛んに行われている要因だけでなく，エンゲージメントのような近年注目されている実際の学習行動という側面とも密接に関連していることが示唆される。

したがって本章では，密接な関連が予想されるが，未だ十分に研究がなされていない留学とエンゲージメントの関係について，質的アプローチを用いた探索的，仮説生成的な研究例について紹介する。

2 研究の目的，リサーチクエスチョン

本研究の目的は，海外留学を通して学習者のエンゲージメントがどのように変化したか，またその背景要因は何かを明らかにすることである。

RQ1. 学習者のエンゲージメントは留学を通してどのように変化したのか。
RQ2. 学習者のエンゲージメントが留学を通して変化した背景要因は何か。

3 研究の方法

3.1 参加者

東京都の私立高等学校に通い，2023年3月から7月の間に留学に参加した1〜3年生の男女生徒40名のうち，留学を経て大きく成長した，授業への取り組みが変わった，とクラス担任，教科担任の教員から評価を得た4名を対象に，後述するアンケート及びインタビュー調査を行った。調査が行われた高校ではセブ島，カナダ，マルタ島などへの海外留学が異なる時期に行われており，それぞれ期間や重きを置く点も異なる（例えば，「ホームステイを通した異文化理解」や「現地語学校での集中語学研修」など）。

本稿では，上記の4名の中でも，インタビューでの分析から，留学を通し

13

131

て英語授業へのエンゲージメントを顕著に向上させたと考えられる高校3年生の男子生徒を取り上げる。この生徒は2023年7月に1週間行われたセブ島での集中語学研修に参加した。この研修では，現地の語学学校において講師とのマンツーマンレッスンやグループワークが行われた。研修には同校から高校2，3年生の男女生徒合わせて14人が参加した。当該生徒は特進クラスに在籍し，英語学習においてはもとより，クラスの学級副委員長や部活動での部長を務めるなど，学校生活において非常に活発で積極的である。英語力に関しては，CEFRにおいてA2程度である。

3.2 データ収集及び分析

　　留学が終わった1か月後の8月下旬に「留学前・中・後の英語授業への取り組みに関するアンケート」と銘打ち，Hiver et al. (2020) の質問紙を日本語に訳したものに回答してもらった。ここでの留学前・後とは日本の高校での授業，留学中とは現地での授業を指す。

　　質問紙は行動的エンゲージメント，感情的エンゲージメント，認知的エンゲージメントそれぞれで8項目ずつ計24項目からなり，「1：まったく当てはまらない」から「6：とても当てはまる」の6件法で回答するものである。その質問紙の結果をもとに，エンゲージメントが留学の前，中，後に変化している箇所に注目し，著者の方である程度質問内容をあらかじめ選定した上で数日後，半構造化インタビューを行った。インタビューは対面で実施し，所要時間は25分程度であった。インタビュー実施後には結果の文字起こしを行い，その記述から対象者のエンゲージメントが留学を通してどのように変化し，その要因は何に起因するのかを検討した。具体的には，内容分析のアプローチを用い，行動的，感情的，認知的エンゲージメントそれぞれの観点に分類し解釈を行った。

4　研究の結果と考察

4.1　アンケート結果

　　対象となった生徒に関する質問紙調査の結果を，表13-1に示す。逆転項目である11項目 (No. 5, 6, 7, 13, 14, 15, 16, 21, 22, 23, 24) を含む全24項目の

うち，留学前よりも留学中・後いずれか，または両方において向上が見られたのは 14 項目あった。このことから，今回の調査対象となった学習者は留学を通してエンゲージメントを喚起させることができたと言えるだろう。

表 13-1：質問紙項目内容及び結果

No.	質問内容	留学前	留学中	留学後
	行動的エンゲージメント			
1	英語の授業では，理解しにくい時でも集中し続けた。	5	6	6
2	英語の授業では，積極的に参加した。	4	6	5
3	英語の授業では，理解しにくい時でもがんばり続けた。	5	6	6
4	英語の授業では，課題を終えるまで取り組んだ。	6	6	6
5	英語の授業では，課題に取り組んでいるふりをした。	1	1	1
6	英語の授業には，あまり参加しなかった。	1	1	1
7	英語の授業では，注意を向けるべき時に別のことをしていた。	1	1	1
8	英語の授業では，注意を向けて話をよく聞いた。	5	6	6
	感情的エンゲージメント			
9	次の英語の授業を楽しみにしていた。	3	6	5
10	英語の授業では，新しいことを学ぶのが楽しかった。	5	6	6
11	英語の授業で勉強していることを理解したかった。	5	6	5
12	英語の授業を受けている時は，良い気分だった。	4	6	5
13	英語の授業では，イライラした。	1	1	1
14	英語の授業は，つまらないと思った。	3	1	1
15	英語の授業に出たくなかった。	1	1	1
16	英語の授業に興味がないと思った。	1	1	1
	認知的エンゲージメント			
17	英語の授業では，自分が正しくできているか，ていねいに確認した。	4	6	5
18	英語の授業では，課題を解くための様々な方法を考えた。	5	6	6
19	英語の授業では，新しく学んだことを，既に学んだことと結びつけようとした。	5	6	5
20	英語の授業では，間違えた時に何が原因だったか理解しようとした。	6	6	6
21	英語の授業では，自分で解くよりも，答えを教えてもらう方が好きだった。	4	4	4
22	英語の授業では，課題に取り組んでいる間，あまり深く考えなかった。	4	3	3
23	英語の授業は難しかったので，簡単な箇所だけ勉強した。	4	3	3
24	英語の授業では，最低限のことだけをやった。	2	2	2

13

高校①　留学を通したエンゲージメントの変化とその要因

4.2 行動的エンゲージメント

　以下では，アンケートにおけるいくつかの質問に関する，インタビューでの回答を示す。

「1．英語の授業では，理解しにくい時でも集中し続けた」という質問に対して：

　「留学中は，もちろん単語とかも毎日やって，ある程度は伝わるように勉強した上で行ったんですけど，それでもやっぱり通用しないこともたくさんあった。向こうの人は本当に発音が少しでも違うと聞き取ってくれなかったりするので今まで注意して見てこなかった発音の部分だったりとか，スペルや細かなところまで気にするようになりました。（中略，その後の帰国後の学習に関する質問に対して）今まで単語帳とか単語を見る時も文字を読んでちょっと単語を見て次行くみたいな感じだったんですけど，書くようになりました。」

　上記の発話から，留学中にうまく行かないことや失敗を経験した際に，それがきっかけでその要因を考える気づきにつながり，結果的に行動を修正していることがわかる。さらに，留学中のこのような経験が，留学後の授業内外の学習行動に影響を与えていることがうかがえる。このことから，留学を通して学習者の行動的エンゲージメントに介入するためには，学習者が自身の行動を客観視し，それを振り返り，行動を修正していくというメタ認知的な視点，及びそれを促すための振り返り活動が必要であることが示唆される。

「2．英語の授業では，積極的に参加した」という質問に対して：

　「今まで座って授業聞いてて，指されたら答えるぐらいだったけど，実際行ってみて，やっぱり周りの子よりも多分，（自分は）ちょっと単語を多く知っていたぐらいだったんですね。（友達が）わからないことがあったら，これはこういう意味だよみたいな，教えてあげるみたいな。それで帰ってきてからもそういう自分からの行動が多くなったり。」

上記における，回答者にとっての積極的な授業参加とは，グループワークの際などに周囲と協調し，わからないことがあったら手を差し伸べるなどの行動を取ることを指している。この行動は自己決定理論 (Self-Determination Theory (SDT)；Deci & Ryan, 1985) でいうところの関係性，有能性の欲求を充足させていると言い換えることができる。すなわち，人は誰しも周囲と関係を持ちたい，そしてその中で優れた存在でありたいという潜在的な欲求を持っており，そのことが内発的動機づけを高めるということである。学習それ自体に対する肯定的な感情である内発的動機づけが高まれば，実際の行動であるエンゲージメントが喚起されることは想像に難くない。現に，自己決定理論とエンゲージメントの関連を取り扱った研究は数多くなされている (Reeve, 2018)。学習者のエンゲージメントを喚起または維持する介入を行う際には，自己決定理論の観点からも，留学中にお互いを助け合う雰囲気を作り出し，学習者が帰国後もそのような相互補助の学習環境に身を置けるようなサポートをすることが必要であると考えられる。

4.3　感情的エンゲージメント

次に，感情的エンゲージメントの質問に関する回答を示す。

「9．次の英語の授業を楽しみにしていた」という質問に対して：
「行く前は，留学行くために勉強するってわけじゃなかったので日常的にも文法とか（を勉強していて）どうしても自分の覚えきれなかったり，これ授業で聞かれたらやばいなって思うところがあったんで，あんまりやりたいって前向きではなかったですね。それでも，留学行って，意外と勉強して，やっぱ全部聞いたことがあったので，向こうで聞いた時は，これならもしかしたらできるんじゃないかって感じ。（中略）できるんじゃないかっていうその自信が，楽しみっていうところにつながったような。やっぱり向こうの人から新しく学ぶこともももちろんたくさんあって，夜毎日振り返りで，今日新しく覚えた単語を書く欄もあって，それをまとめ上げて，1週間はまず絶対忘れないようにして，それをずっと覚えてこうって。」

上記の発話からは，日本での既習事項が実際に現地で活用できることに気づき，これならできるという自信につながっていることがわかる。この点は先述した有能感の充足という点に加え，日本での留学に向けた準備のために授業内でできることにも示唆を与える。すなわち，この表現は日常会話のこういった場面で役に立つ，などコンテクストを重視した指導を行うことで，学習者が実際にその場面に遭遇した際にも自信を持ってその表現を使うことができ，その点がエンゲージメントの促進につながると考えられる。

　Dornyei（2001）も，学習者の動機づけを促すタスクの提示方法として，タスクと実生活のつながりを示すことの必要性を指摘している。例えば，クラスメートやホストファミリーとの会話や，レストランやショッピングでのやり取りなど，留学中に出くわすであろう場面を想定したタスクは効果的だと考えられる。また，参加者は続けて，以下のようにも語っている。

> 「僕だけじゃなくてみんな共通で思ってたんで。みんな一人じゃないってのが一番。なんか周りの一緒に留学来てた子とかと一緒に，頑張ってやってっていうのも，やっぱこういうのプラスな気持ちを持てる意味では大きかったですよ，本当に。すごい，もう英語が全然話せなくてっていう子もたくさんいた中でそういう子たちこそ積極的にコミュニケーションしてた。」

　上記の点から，この参加者は周りの学習者から大きな刺激を受けていることがわかる。このことからも学習者の関係性の欲求を満たすこと，すなわちお互いが共通の目的を持った環境で信頼，尊敬し合いながら切磋琢磨できる関係性を構築した上で留学に向かうことが重要であると考えられる。

> 「13. 英語の授業では，イライラした，14. つまらないと思った，15. 出たくなかった，興味がないと思った」という質問に対して：
> 　「むしろ楽しかったです。本当に日本と全然違う授業の中で，もう初めての授業なんかすごい緊張してたんですけど，やっぱり向こうの人（現地校の講師）もうまく伝わるように，僕らにいろいろやってくれて，それに答え

なくちゃなっていうのと，身振り手振りでも話せなくても通じるってことがもうわかったから不安がなくなりました。だからただ英語で話すっていうことが楽しかったです。向こうの先生がちゃんとわかるように伝えてくれるし，こっちも何かジェスチャーとかしたら伝わるっていうなんかその安心感みたいな。（中略。ネガティブな気持ちは帰国後も起きないか，という質問に対して）そうですね。なんかそれもやっぱり向こうでのセブでの経験が活きてる感じ。」

この点からわかるのは，教員による適切な支援の重要性である。初めての環境に飛び込み，不安でいっぱいの学習者に対して，その不安を取り除き，安心して自信を持って彼ら自身が自らを表現する助けをすることによって，学習者の授業に対するネガティブな気持ちは大きく抑えることができるということが示唆される。また，留学先でのこのような体験は，帰国後も肯定的な気持ちで授業に臨む助けになることも考えられる。

4.4　認知的エンゲージメント

最後に，認知的エンゲージメントの質問に関する回答を示す。

「17. 英語の授業では，自分が正しくできているか，ていねいに確認した」という質問に対して：

「やっぱり本当にわかんなくても，日本だと，実際に普段は最悪答え見ればいいよっていうのがあって。そういう安心感っていうか。海外行ったらやっぱ，答えを配られるみたいなことは一切なくて，もう全部自分でやるか，先生に英語で聞くかしかなかった。もう妥協できない環境だった。それはちょっと変わったと思います。（中略，帰国してからも）よく見直しは，前よりもするようになったかなって思います。」

ここでは学習者は自らが置かれた環境について妥協のできない，自分のことは自分でやるしかないと認識しており，いい意味での緊張感や自身の学習に責任を持つこと，すなわち自律性を持って学習に取り組んでいることがわ

かる。先に挙げた自己決定理論においても自律性の欲求を満たすこと，すなわち学習において自身が決定権を持っているということは重要視されている。

　また近年の英語教育の中でも重要視されている概念である学習者の自律 (learner autonomy) の観点からも，この点は注目に値する。自律とは「自身の学習に責任を持ち，それをコントロールする力」(Benson, 2011; Holec, 1981) と定義されるが，まさにこの場面では学習者が自分でやるしかないという責任を持ち，こうすればもっと伝わるというように自身の行動をコントロールしている。そのような姿勢は以下の記述からもうかがえる。

> 「18. 英語の授業では課題を解くために様々な方法を考えた」という質問に対して：
>
> > 「何か単語が本当に出てこなくて，それでもっと簡単な表現があるよなって，言いたい表現がそっちで伝わるからっていって試して伝わったっていうのが何回もあった。（中略，帰国してからも）より簡単な方で話そうっていう，よりシンプルに書いたり言ったり。」

　上記の点も学習者が自身の行動を客観視し，それをコントロールしている，言い換えればメタ認知を活性化させ課題に取り組んでいることを示している。このことは行動的エンゲージメントに関する発話でも言及されており，留学中の自分の行動を振り返り，客観視することの重要性が示唆されている。

5　まとめ

　以上のインタビューの分析結果をまとめると，今回の留学を通して対象となった学習者はエンゲージメントを各側面においてより発達させており，留学を通してエンゲージメントを喚起させることができたと言えるだろう。また，そのために重要な働きを持った要因は，(1) 有能性，関係性，自律性の欲求を充足させること，(2) 授業中の自身の行動を客観視しコントロールすること，(3) 学習内容と既習事項を結びつけること，(4) 適切な教員のサポートを受けることであると考えられる。

　これらの要因は，外国語学習の成功に関わる個人差要因を扱う研究において頻繁に登場するキーワードでもある。このことから，エンゲージメントは近接する概念である動機づけをはじめ，メタ認知や学習ストラテジー，学習者の自律など様々な要因と密接に関連しているということが考えられる。学習者のエンゲージメントについて考える際には，これらの研究から得られている知見を活用し，より包括的なアプローチを取っていくことが有効であろう。また，実際の留学指導においても留学前，留学中，留学後のそれぞれの段階において，これらの点を意識したサポートを行うことが学習者のエンゲージメントの喚起，維持において重要な役割を果たすだろう。例えば，留学参加者のグループにおいて，お互い信頼し合い切磋琢磨できる雰囲気を作ることや，留学後の振り返りにおいて，学習方法について意識させるような活動を行うことは効果的であると考えられる。

　今回の研究はあくまで一個人の留学に関するケーススタディであり，過度の一般化は慎むべきである。また，留学の期間も1週間と短く，留学後といってもその直後の学習しか考慮することができていない点も限界点として挙げられる。また留学によって喚起されたエンゲージメントをどのように維持していくかという点も，留学それ自体はゴールではなく，長きに渡る英語学習の中でのあくまで1つの通過点であるという観点から今後考慮していくべきだろう。しかし，ここから得られた知見は，今後の研究や留学を通した指導の実践に対して示唆を与えるものであると考える。研究結果をより一般化できるよう，今後は量的データを取り扱い，より多くの参加者を対象とした研究を行っていく必要がある。

　海外留学は学習者の今後の英語学習，ひいては彼らの将来にとって非常に大きな影響を持つものである。そのようなかけがえのない機会がより一層充実し，留学前，留学中，留学後に学習者がさらに学びに没頭できるよう，この調査がその一助となることを願う。

13

高校①　留学を通したエンゲージメントの変化とその要因

Overview 　　本研究は，高校生 232 名を対象に，教師の動機づけスタイルと学習者の心理的欲求，エンゲージメントの関連性を自己決定理論の二重過程モデルに基づいて検討した。調査の結果，教師の自律性支援が心理的欲求を満たし，学習者のエンゲージメントを促進すること，また統制的指導が心理的欲求を阻害し，ディスエンゲージメントを生じさせることが明らかになった。さらに，教師の自律性支援的指導の強化が学習者のディスエンゲージメントを直接的及び間接的に軽減することが示唆された。これらの結果を今後の高校英語教育に応用していく方法を考えたい。

1 研究の背景

　　自己決定理論（Self-Determination Theory: SDT）とエンゲージメントの親和性は非常に高く，多くの関連研究が行われている（Reeve, 2018）。特に，教師の動機づけスタイル（自律性支援／統制）と，学習者の心理的欲求の充足（自律性・有能性・関係性）という要因と，エンゲージメント／ディスエンゲージメントとの関連性を検討したものが特徴的である（Jang et al., 2016）。

　　自律性支援とは，学習者の視点に立ち，学習者自身の選択や自発性を促す指導であり，統制とは特定の行動を取るようにプレッシャーを与えるような指導のことを指す。

　　染谷 (2020a, b) は心理的欲求の充足と阻害について，以下のように論じる。

①自律性の欲求充足：学習者が自主的に英語学習を行いたいという意欲
②有能性の欲求充足：学習者が英語の能力を向上させ，理解を深めたいという望み
③関係性の欲求充足：学習者が教師や同級生との協働的な学習を望む状況
④自律性の欲求阻害：学習者が英語授業における強制感やプレッシャーを感じる状態

⑤有能性の欲求阻害：学習者が英語学習の成果が十分でないと感じる状況
⑥関係性の欲求阻害：学習者が教室での排除や拒絶の経験を持つ状態

　自己決定理論における二重過程モデルは，動機づけとエンゲージメントの関係を明るい面（Bright Side）と暗い面（Dark Side）の両方から見るモデルである。自律性支援と統制及び心理的欲求の充足と阻害の間には中程度の負の相関が仮定されている。また，自律性支援が心理的欲求充足を媒介にエンゲージメントを正に予測する明るい面（Bright Side Processes）の存在と，統制指導が心理的欲求阻害を媒介としてディスエンゲージメントを正に予測する暗い面（Dark Side Processes）の存在が明らかにされている（染谷, 2022）。図 14-1 のように，自律性支援／統制，心理的欲求充足／阻害，エンゲージメント／ディスエンゲージメントのそれぞれの要因が相互間で影響し合っているということがいくつかの研究で明らかになっている（Bartholomew et al., 2011; Cheon et al., 2016; Gunnell et al., 2013; Haerens et al., 2015）。

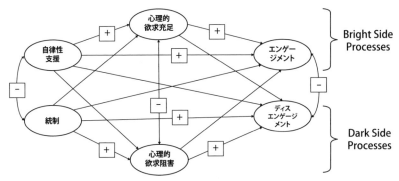

図 14-1：自己決定理論における二重過程モデル（染谷, 2023, p. 87 を改変）

　本稿では，染谷（2023）の研究を基に，エンゲージメントの 4 つの側面（感情，行動，認知，行為主体性）に焦点を当て，自己決定理論における二重過程モデルの検証を行った研究を紹介する。対象は，学習指導要領（文部科学省, 2018）の内容を反映した教科書を用い，新たな観点からの指導を受けた高校 1 年生である。

2 研究の目的，リサーチクエスチョン

　本研究の目的は，教師の動機づけスタイル，心理的欲求，そしてエンゲージメントの関連性を，自己決定理論における二重過程モデル（図14-1）の検証を通じて明らかにすることである。具体的には，以下の3つのリサーチクエスチョン（RQ）を設定した。

RQ1: 自律性支援／統制，心理的欲求充足／阻害，エンゲージメント／ディスエンゲージメントの間には負の相関が存在するか？

RQ2: 自律性支援は心理的欲求充足／阻害及びエンゲージメント／ディスエンゲージメントにどのように影響を及ぼすか？

RQ3: 統制は心理的欲求充足／阻害及びエンゲージメント／ディスエンゲージメントにどのように影響を及ぼすか？

　これら3つの問いを解明することで，高校生の英語学習環境における自己決定理論の二重過程モデルの詳細を明らかにすることを試みた。

3 研究の方法

3.1 参加者

　本研究の参加者は，千葉県にある県立A高等学校に在籍する高校1年生232名であった。A高等学校は，難関大学への合格者を多数輩出する進学校であり，生徒の学力レベルは県内でも上位に位置する。対象生徒は，上記の高校の普通科に在籍する生徒である。

3.2 アンケート

　アンケートは，動機づけスタイル（自律性支援／統制），心理的欲求（充足／阻害），そしてエンゲージメント／ディスエンゲージメント（感情・行動・認知・行為主体）に関する質問項目で構成されたものを使用した。動機づけスタイルに関する項目には，学習風土尺度（Learning Climate Questionnaire: LCQ; Williams & Deci, 1996）を用いた。LCQを基に，日本の高校英語学習環境下における自律性支援（6項目）と統制（4項目）の質問を作成し使用した。

心理的欲求に関する項目は，染谷（2020a, b）によって開発された充足（9 項目）と阻害（9 項目）を使用した。さらに，エンゲージメント及びディスエンゲージメントに関する項目は，Jang et al.（2016）及び江・田中（2018）を参考に，染谷（2022）及び染谷（2023）によって開発されたものを調査に使用した。表 14-1 に，アンケートの枠組みと項目例を示す。

表 14-1：アンケートの枠組みと項目例

要因		項目例	項目数
動機づけスタイル	自律性支援	先生は自分に選択肢や意見を言う機会を与えてくれた	6
	統制	先生は自分のすることすべてをコントロールしようとした	4
心理的欲求充足	自律性	自分が興味関心を持っていることができた	3
	有能性	難しい挑戦でも好んでした	3
	関係性	クラスの人と安心して授業に取り組めると感じた	3
心理的欲求阻害	自律性	嫌なプレッシャーを感じた	3
	有能性	自分に能力が足りないような気がした	3
	関係性	孤独な感じがした	3
エンゲージメント	感情	楽しかった	5
	行動	最後まであきらめずに取り組んでいた	5
	認知	（学習課題などの）解き方を工夫していた	3
	行為主体	自分が必要としていることやしてほしいことを伝えていた	5
ディスエンゲージメント	感情	退屈だった	5
	行動	しっかり取り組んでいるように振る舞っていた	5
	認知	学習計画を立てるのは難しいと思った	4
	行為主体	ほとんどの場合，自分は受け身だった	5

3.3 データ分析

収集されたデータは IBM SPSS Statistics 及び Amos Ver. 29 を用いて分析した。分析手法としては，記述統計，クロンバックの α 係数，相関係数，そして共分散構造モデリングによるパス解析（Structural Equation Modeling: SEM）を用いた。

4 研究の結果と考察

4.1 記述統計量，信頼性係数，相関分析の結果（RQ1）

RQ1 に対する答えを得るために，記述統計量（クロンバックの α）及び相関係数を算出した（表 14-2）。分析の結果，動機づけスタイルに関する信頼性

係数は，自律性支援（$\alpha = .77$）と統制（$\alpha = .85$）で，双方ともに受け入れられる値を示した。また，心理的欲求充足（$\alpha = .85$）及び阻害（$\alpha = .77$）についても，信頼性は受け入れられる範囲内であった。最後に，エンゲージメントに関しては，エンゲージメント（$\alpha = .91$）とディスエンゲージメント（$\alpha = .87$）の両方で高い値を示した。

表 14-2：記述統計量及び相関係数

	M	SD	1	2	3	4	5	6
1. 自律性支援	3.132	0.667	(.774)	-.187**	.453**	-.174**	.526**	-.408**
2. 統制	1.890	0.917		(.852)	-.191**	.473**	-.169**	.369**
3. 心理的欲求充足	3.183	0.740			(.851)	-.426**	.647**	-.547**
4. 心理的欲求阻害	2.632	0.692				(.769)	-.275**	.512**
5. エンゲージメント	3.173	0.691					(.913)	-.579**
6. ディスエンゲージメント	2.842	0.602						(.869)

Note: $N = 232$, **$p < .01$，（　）内はクロンバック α 係数を表す。

6 つの変数間の相関係数を算出した（表 14-2）。動機づけスタイルにおいて，自律性支援と統制との間には負の相関が見られた（$r = -.19, p < .01$）。また，自律性支援は心理的欲求充足（$r = .45, p < .01$）及びエンゲージメント（$r = .53, p < .01$）と正の相関があることが明らかとなった。統制については，心理的欲求阻害（$r = .47, p < .01$）と正の相関が見られた。心理的欲求に関しては，心理的欲求充足とエンゲージメント（$r = .65, p < .01$）には正の相関があることが明らかとなった。さらに，心理的欲求阻害とディスエンゲージメント（$r = .51, p < .01$）には正の相関があることが明らかとなった。

4.2　共分散構造モデリング（SEM）による二重過程モデルの検証（RQ2, 3）

まず，図 14-1 のパス図（飽和モデル）に対して SEM を実行した結果，「心理的欲求阻害→エンゲージメント（$\beta = .002, p = .97$）」「統制→エンゲージメント（$\beta = -.014, p = .73$）」「自律性支援→欲求心理的阻害（$\beta = -.092, p = .13$）」のパスが有意でなかったため，Wald 法を用いて，有意でないパスを削除し，有意なパスのみを残すことで，最終的に図 14-2 のパス図を得た。

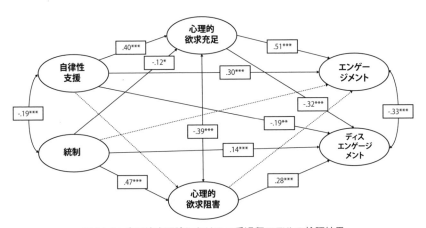

図 14-2：自己決定理論における二重過程モデルの検証結果

Note: 破線は有意でないパスを示す。モデル適合度指標：χ^2 = 2.41, *df* = 3, *p* = .491, χ^2 / *df* = .805, RMR = .014, , GFI = .997, AGFI = .976, CFI = .1.00, RMSEA ［90%CI］ = .000 ［.000, .102］

　図 14-2 のパス係数及びモデル適合度指標を確認した結果，CFI = 1.00，RMSEA = .000 であることから，モデルは十分な適合度を示していると判断した。RQ1 については，自律性支援と統制の間（*r* = -.19, *p* < .01），心理的欲求充足と阻害の間（*r* = -.39, *p* < .001）及びエンゲージメントとディスエンゲージメントの間（*r* = -.33, *p* < .001）には弱い負の相関があることが明らかになった。RQ2 については，自律性支援から心理的欲求充足へのパスが有意であること（β = .40, *p* < .001），心理的欲求充足を媒介としてエンゲージメントを正に予測することが示された（β = .51, *p* < .001）。RQ3 については，統制から心理的欲求阻害へのパスが有意であること（β = .47, *p* < .001），心理的欲求阻害がディスエンゲージメントを予測すること（β = .28, *p* < .001）が示された。

　この結果は，大学生を対象とした先行研究（e.g., 染谷, 2022）と同様の結果であり，高校生の英語学習者においても，動機づけ要因とエンゲージメントに関する「明るい面」と「暗い面」の媒介プロセスが存在することが明らかになった。

　さらに，RQ2 については，自律性支援が直接的にディスエンゲージメントを減少させる（β = -.19, *p* <.001）こと，心理的欲求充足がディスエンゲージメントを減少させる（β = -.32, *p* < .001）ことが示された。RQ3 については，

統制及び心理的欲求阻害からエンゲージメントへのパスは有意ではなかった。これらの結果は，染谷 (2023) における心理的欲求阻害からエンゲージメントへの有意な影響がないという類似した結果と一致している。これは「暗い面」の要因が「明るい面」の要因に有意な影響を及ぼさないことを示している。先行研究の Reeve et al. (2022) においても，「心理的欲求充足→ディスエンゲージメント（β = -.28)」「心理的欲求阻害→エンゲージメント（β = -.12)」というように，「暗い面」の要因の寄与率が低いという結果が得られている。これは，Deci and Ryan (2002) が指摘するように，「暗い面」はより無意識的に起こる，つまり「明るい面」のように意識的，思考を伴い起こるわけではないので，「明るい面」の要因に与える影響力が小さくなる可能性がある。

　結論として，教師の自律性支援指導は，心理的欲求を充足させて生徒の英語授業でのエンゲージメントを向上させることが明らかとなった。学習者の授業へのエンゲージメントは達成度を予測することが明らかになっていることから（Someya & Obermeier, 2023)，英語授業へのエンゲージメントの向上は英語力の向上に寄与する可能性があると考えられる。しかしながら，統制指導は心理的な欲求を阻害し，英語の授業へのディスエンゲージメントを助長し，結果として英語力を阻害してしまう可能性がある。先行研究でも示されているように，非動機づけにもつながる可能性があり (Cheon et al., 2016)，統制指導を行うことはその後の生徒の動機づけや英語力を阻害することが予想される。

　さらに，RQ1 から RQ3 を踏まえて，自己決定理論における二重過程モデルを検証することによって得られた結果より，自律性支援と統制には負の相関があるため，自律性支援指導を高め，統制指導を軽減，または自律性支援指導に移行していく必要性があることが明らかになった。そうすることで，生徒の英語授業における心理的欲求充足をさらに高め，エンゲージメントの促進及びディスエンゲージメントの軽減につながっていくことが考えられる。

5　教育的示唆及び今後の課題

　本研究では自己決定理論に基づく二重過程モデルを検証し，英語の授業における教師の動機づけスタイルが学習者の心理的欲求を介してエンゲージメントに及ぼす影響を明らかにした。教師の自律性支援指導が高まると，学習者のエンゲージメントは直接的に，また心理的欲求充足を介して間接的に予測されることが分析結果から示唆された。さらに，心理的欲求充足はディスエンゲージメントを軽減する効果があることが確認された。

　以上の結果から，教師は自律性支援指導の実践を増やし，統制的な指導を自律性支援的なものに転換することが重要であると推察される。その実践は，学習者の心理的欲求の向上とエンゲージメントの促進に寄与する可能性がある。教師の自律性支援指導は，技術（スキル）として習得できるとされる (Reeve, 2016)。その視点では，「学習者の視点に立つ」「学習者の興味・関心を引き出す」「ニーズに合わせた学習活動の提案」「合理的な説明」「否定的な感情の認識」「学習者を奨励する言葉の使用」「学習者が準備できるまで忍耐強く待つ」の7つの観点が重要であるとされている (Reeve & Shin, 2020)。

　したがって，英語教師は，学習者がどのような視点で英語学習を捉え，どのような内容に興味や関心を持っているのか，またどのような学習活動を行いたいのかを理解し，それに対応した支援及び指導を提供する必要がある。また，なぜその英語学習が必要で，どのように学習すれば効果的であるかを学習者に対して合理的に説明する能力も必要である。さらに，学習者の否定的な感情を受け入れ，それを改善するためのポジティブな言葉を提供する能力,そして学習者の準備が整うまで忍耐強く待つといった視点も重要である。したがって，高等学校の英語の授業で教師が上記の7つの視点を持ち，それを授業内で活用することにより，生徒の心理的欲求の充足とエンゲージメントの促進が期待できる。

　本研究の限界としては，横断的研究に終始している点が挙げられる。学生の情意面を縦断的に探ることで，要因間の因果関係をより精密に探究できる (Jang et al., 2016)。また，教師がどのように自律性支援指導を行っているかを明らかにするために，質的研究の必要性が提唱される。

14

高校②　動機づけからエンゲージメントへの移行プロセス

15 大学①

ペアワークとエンゲージメントの関連性

Overview　本研究では，ペアでの協働的ライティングを通じて，学習者のエンゲージメントが時間とともにどのように変化するかを調査した。ペアワークでの発話量や話し合いの内容，感情の変化を分析することで，学習者のエンゲージメントがダイナミックに変化し，また学習者ごとに異なるエンゲージメントのパターンが存在することが明らかになった。これらの結果から，教師は授業の進行や活動の長さを考慮し，学習者間の相互作用を促進することで，より効果的に学習者を活動に参加させるための手がかりを得ることができると考える。

1　研究の背景

　これまでのエンゲージメントに関する研究では，学習者が動機づけられた状態を行動面，認知面，感情面，社会面のいずれかに焦点を当て，一時点でのデータから捉えるアプローチが多く見られる。しかし，これらの各側面が互いにどのように関連し合っているのか，また時間の経過に伴う変化についてはあまり明らかにされていない。そこで，本稿では Hiromori (2021) を参考に，エンゲージメントの4つの側面（行動，認知，感情，社会）に焦点を当て，これらの側面の相互関係とその変化を検証した研究例を紹介する。

　対象は，ペアで協働的ライティング（collaborative writing）に取り組む大学生英語学習者である（協働的ライティングについては，Hiromori (2023) を参照）。彼らはパートナーとどのようにやり取りを行い，タスクへの取り組みをどのように変えて（あるいは変えないで）いるのだろうか。学習者エンゲージメントが持つダイナミック，かつ状況依存的な性質を理解することで，教師はすべての学習者を活動にエンゲージさせる方略を明らかにでき，結果として，英語授業にペアワークを効果的に取り入れることができるようになるはずである。

2 研究の目的，リサーチクエスチョン

　本研究の目的は，学習者エンゲージメントの各側面がどのように関連し，時間の経過とともにどのように変化するのかを明らかにすることである。本研究のリサーチクエスチョンは，以下の通りである。

RQ1. 学習者エンゲージメントの各側面は，時間の経過とともにどのように変化するのか？

RQ2. 学習者エンゲージメントの各側面は，互いにどのように関連しているのか？

RQ3. 学習者エンゲージメントの各側面の組み合わせによって，学習者のタスクへの取り組みはどのように異なるのか？

---

3 研究の方法

3.1 参加者

　本研究の参加者は，必修科目として英語の授業を履修する日本人大学生 60 名（女性 34 名，男性 26 名；年齢は 18–20 歳）であった。彼らの英語力はプレイスメントテストの結果と教師の観察から，CEFR で A2–B1 程度であった。

3.2 タスク

　本研究では，4 コマ漫画からなる写真描写タスク（picture description task）を用いた。参加者は絵に描かれたストーリーを解釈し，その内容を英語で記述するように指示された（実際に用いられた絵は，次ページ図 15-1 を参照）。

　参加者には事前にタスクの指示（例: ペアで協力して共同で 1 つの文章を作成する，辞書や参考書を使わない）を与え，実際の活動時間は 20 分とした。教師は活動中に教室内を歩き回り，参加者が指示に従っているかどうかを確認したが，言語的なサポートは一切行わなかった。タスク自体は通常の英語授業の一環として実施された。

3.3 データ収集

　活動ではペアのどちらかがスマートフォンを使って，やり取りを録音する

15

図 15-1：研究で用いた 4 コマ漫画（Heaton, 1975, p. 30 に基づく）

ように指示された。すべてのペアがタスクを終えた後，音声ファイルを回収し，文字起こしをした。書き起こされたデータは，計 76,946 語となった。

　参加者のタスクへのエンゲージメントについては，表 15-1 にまとめた指標を用いて測定を行った。以下，それぞれについて簡単に説明する。

表 15-1：研究で用いたエンゲージメントの各指標

エンゲージメント	指標
行動的エンゲージメント	ワード数，ターン数
認知的エンゲージメント	LREs（文法，語彙，表記法，内容）
感情的エンゲージント	アンケート（タスクに対する態度）
社会的エンゲージメント	ペア間のやり取りのパターンとその特徴

　学習者の行動的エンゲージメントは，活動中に発せられたワード数と交わされたターン数をカウントした。タスクを早く終えたペア，時間内に終わらなかったペアもあったため（平均活動時間は 17.13 分），ペア間の時間差を考慮し，全ペアが活動に取り組んでいた最初の 15 分間を分析対象とした。

　認知的エンゲージメントは，参加者のタスクへの認知的関与を表すとされる Language-related episodes（LREs）を用いた。LREs とは，学習者が言語に関する説明，質問，省察などをするといった行為を指す。本研究では 4 観

点（文法，語彙，表記法，内容）を用いた分類とカウントを行った。

感情的エンゲージメントは，多肢選択式のアンケートを作成した。質問項目（計 5 問）はタスクに対する態度を尋ねるもので（例：「熱心に課題に取り組むことができた」），評定は 5 件法を用いた（Cronbach's α = .87）。態度の変化を詳細に把握するため，アンケートを複数回実施することも考えたが，参加者の負担や取り組みへの影響を考慮し，タスク終了直後に 1 回のみ実施した。

社会的エンゲージメントは，ペア間のやり取りのパターンとその顕著な特徴を質的に分析した。ここでは，Storch（2002）が提案した「対等な関係性」（equality）と「互恵性」（mutuality）という分類に基づき，特徴的なペアを抽出した。具体的には，ペアとなった参加者が互いに発したワード数の差が小さく（対等な関係性），2 人の参加者のターン数の合計が多い（互恵性）ほど，タスクに対してより協働的な態度が見られたペアとした。

3.4 データ分析

まず，エンゲージメントの各側面の 5 分間ごとの値を算出し（記述統計），各時点での側面間の関係を調べた（相関分析）。次に，クラスター分析を用いて，エンゲージメントの各側面の関連（組み合わせ）が類似した特徴を持つ参加者をグループ化した。最後に，各クラスターにおけるエンゲージメントの詳細を明らかにするため，ペアでの実際のやり取りを質的に分析した。

4 研究の結果と考察

4.1 RQ1

RQ1 に答えるため，エンゲージメントの各側面の指標に関して，それぞれ 5 分ごとの値を算出した。図 15-2, 15-3 に示すように，ワード，ターン，ならびに LRE の総数は時間の経過とともに減少傾向にあった。また，感情的エンゲージメントに関するアンケートの平均は 4.59（標準偏差 0.45）であり，参加者は全体としてタスクに好意的な態度を有していたことがわかった。

タスクが協働的ライティングだったこともあり，タスクの進行に伴い執筆自体に費やす時間が増した結果，ワード / ターン / LRE の数が減少したものと考えられる。上記の結果から，ペアでのやり取りは最初から最後まで同じ

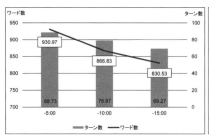 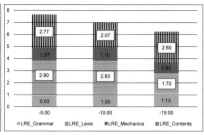

図 15-2：ワード数 / ターン数の時間的変化　　図 15-3：LREs の時間的変化

ように進むわけではないこと，言い換えれば，時間の経過とともに，学習者
エンゲージメントは変化することが示された。

4.2　RQ2

　RQ2 に答えるため，各時点での側面間の関係を調べた。表 15-2 は，各時
間軸（0-5 分，5-10 分，10-15 分）におけるワード数 / ターン数 /LRE 数とタス
クに対する態度との相関係数を示したものである。なお，タスク態度につい
ては，一時点のデータ（タスク終了時に測定したもの）を用いている。
　エンゲージメントの各側面には，概して密接な関係が見られた。例えば，
パートナーとの対話が積極的な参加者ほど（すなわち，ワード数 / ターン数
が多い参加者ほど），LRE の数が多かった（r = .32〜.75）。また，ワード数 /
ターン数と LRE の相関は，時間の経過とともに徐々に強まっていた（それぞ

表 15-2：各時間軸におけるエンゲージメントの各側面の相関係数

	1	2	3	4
1. ワード数	−			
2. ターン数	.71**/.75**/.82**	−		
3. LRE 数	.38* /.49**/.75**	.32 /.47**/.62**	−	
4. タスク態度	.53**/.59**/.43**	.38*/.36*/.19	.38*/-.02 /.14	−

注：数値は，左から最初の 5 分間，次の 5 分間，最後の 5 分間（0-5 分 / 5-10 分 / 10-15 分）
を示す。
*p < .05., **p < .01.

152

れ $r = .38, .49, .75$, $r = .32, .47, .62$）。前述したように，ワード数 / ターン数 /
LRE 数はいずれも時間とともに減少していた（図 15-2, 15-3）ことから，タス
クが進むにつれて，各ペアが特定の言語項目によりフォーカスしたやり取り
を行っていたことがうかがえる。

4.3　RQ3

RQ3 に答えるため，エンゲージメントの各側面の指標（ワード数，ターン数，
LRE 数，タスク態度）を用いて，クラスター分析を行った（各指標は単位が異
なるため，標準化した値を使用）。その結果，調査に参加した 30 組のペアは，
特徴が異なる 3 つのグループに分類された（図 15-4 参照）。

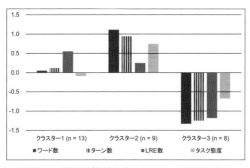

図 15-4：異なる特徴を有する 3 つのクラスター

エンゲージメントの 4 側面には，全体として，互いに活性化（activate）す
るような関係があることがわかる（表 15-2 も参照のこと）。つまり，ある指標
が高ければ他の指標も高く（クラスター 2），その逆（クラスター 3）もまた同
様であった。この結果は，教師はエンゲージメントの 1 側面に働きかけるこ
とで，他の側面にプラスの影響を与え，結果として，学習者の望ましいエン
ゲージメントを促進できる可能性があることを示唆している。

一方で，エンゲージメントの特定の側面（行動面と認知面）には，互いに
非活性化（deactivate）するような関係（いわゆる，トレードオフ関係）も見
られた。具体的には，クラスター 2 のペアは LRE の数が最も多くなると予
想されたが，実際にはそうはならなかった。以下では，このクラスターに属

していた特徴的なペア2組を取り上げ，彼らの社会的エンゲージメントも踏まえながら，上記の原因をより詳しく考察する。

　最初のペアは，Yuna と Maiko（ともに女性，仮名）である。このペアのターン数は当該クラスターでとりわけ多く（375 ターン，クラスター内の平均は 305.78），2 人の発話量の差は極めて小さかった（143 ワード，クラスター内の平均は 390.62），つまり，社会的エンゲージメントの高いペアであった。両者のやり取りの大きな特徴は，作文の内容よりもその長さにこだわり，冗長と思われる名詞や形容詞をたくさん付け加えようとしていた点である。以下に，やり取りの例を示す。

【Example 1】

1. Maiko:　If we want to add a lot more, we can do a lot, like adding 'and a girl,' 'boy …'
2. Yuna:　Yeah, let's do it. So, stop saying, 'There is a family.'
3. Maiko:　'There is …'
4. Yuna:　'A father, a mother …'
5. Maiko:　Let's add as many words as possible.
6. Yuna:　Let's add a lot. [laugh]

　一方，同じクラスターに属していた Kisuke と Taro（いずれも男性，仮名）にも，類似したやり取りが観察された。2 人はタスク開始当初から "mosquito"（蚊）という単語の綴りを必要以上に気にしていた。以下は，タスク終了直前のやり取りの例である。

【Example 2】

1. Taro:　　For now, let's do something about the spelling of 'mosky.'
2. Kisuke:　Let's give up.
3. Taro:　　Why? Let's challenge. We still have time.

【Example 3】

1. Kisuke:　'mosky,' do you have any idea?

---

2. Taro:　　Spelling?

3. Kisuke:　Yes.

4. Taro:　　Try writing a lot. Write a lot.

5. Kisuke:　'mosky ...' 'mosky ...'

6. Taro:　　Lend me your pen. I will write a lot.

　先の Yuna と Maiko のやり取り（作文の長さへのこだわり）と同様，Kisuke と Taro のやり取り（単語の綴りへのこだわり）は，ワード数やターン数も多く，傍目からは活発に見えたものの（両ペアはタスクの満足度も高かった），ペア内での作文の内容自体に関する議論はそれほど深まらなかった。

　これらの結果は，学習者のタスクへのエンゲージメントは統合的な観点から見る必要があることを示している。参加者同士が意見を述べ合い，積極的にペアワークに取り組んでいるように見えても（行動的エンゲージメントが高い），実際には，ただおしゃべりをしているだけだったり（認知的エンゲージメントが低い），活動には全く関心がなかったり（感情的エンゲージメントが低い）といったこともある。学習者エンゲージメントを判断する際には，行動面など観察しやすいものだけでなく，認知面，感情面など彼らの内面的な部分を汲み取り，多面的に評価する必要があると言える。

5　まとめ

　本研究は，学習者エンゲージメントの各側面の組み合わせが，協働的ライティングに与える影響を検討した。結果から，エンゲージメントは一定ではなく，時間と共に変化すること，また各側面には密接な相互依存関係があることが明らかになった。一方で，エンゲージメントのある側面が，状況に応じて他の側面を活性化したり，その逆もあり得ることを示した。これらの結果は，ペアワークが進むに伴い，エンゲージメントの各側面はダイナミックに変化することを意味している。今後は，学習者がタスクへのエンゲージメントを変化させる条件やそれを促進するプロセスを明らかにすることで，計画的かつ意図的な教育介入の可能性がより高まるものと考える。

15

大学①　ペアワークとエンゲージメントの関連性

16

**教室外での英語学習と
エンゲージメント**

Overview 　本研究では，過去の学習経験と言語交換アプリによるコ
ミュニケーションの分析を通じて，1人の学習者の教室外英語学習エンゲージ
メントについて調査した。英語学習に対する新たな認識と動機づけの発生
や，共に学ぶパートナーの存在がエンゲージメントの喚起・維持に寄与して
いたことが明らかとなった。これらの結果から，教師は教室外の学習文脈の
創出や，その文脈において継続的な学習を促すための効果的な学習環境のあ
り方についてヒントを得ることができる。

1　研究の背景

　これまでの章では，主に教室内のエンゲージメントに焦点が当てられてい
る。日本の EFL 環境においては，教室内エンゲージメントを高める指導や
研究が重要であることに疑いの余地はない。一方で，教室外での英語学習経
験の充実も英語力の向上に寄与する（Dixon et al., 2012; Peters et al., 2019; 鈴
木, 2022）ことから，教室の中にとどまらず，教室の外で学習者がいかに学習
に取り組み学習経験全体を豊かにするかという視点も必要である。したがっ
て，個々の学習者が教室外の活動の中でどのようにエンゲージメントを喚
起・維持し，学習を継続させているかを理解することは極めて重要である。

　定式化したカリキュラムや教師の授業運営にもとづく教室内学習とは異な
り，教室外では様々な文脈的要因や個人差要因の影響を受けながら，学習者
自身で自律的に個々の学習文脈を構築してエンゲージメントを変化させてい
るはずである。そこで本稿では，本書の図 2-2 (p. 16) の「学習者エンゲージ
メントに関する理論的モデル」における，環境要因，個人差要因，そして学
習者エンゲージメントの 4 側面（行動，認知，感情，社会）に焦点を当て，
教室外で個々の学習者が自ら設定した英語学習文脈のエンゲージメントがど
のように喚起・維持されたかについて分析する。

　分析の対象は，教室外で言語交換アプリ（異なる言語を話す学習者がお互

いに言語を学び合いながらコミュニケーションをするためのアプリ）を用い
た学習に取り組む学習者のエンゲージメントである。教室外の固有かつ状況
依存的な文脈におけるエンゲージメントの先行要因，そして学習活動の継続
を促したエンゲージメントの4つの側面について，質的分析を通じて明らか
にする。これにより，教師は教室外の英語学習に対するより効果的なアドバ
イスを与えることができ，学習者の英語学習の充実に寄与することが期待で
きる。

2　研究の目的，リサーチクエスチョン

　　本研究の目的は，大学生英語学習者1名における過去の英語学習経験およ
び言語交換アプリを通じた英語学習経験の分析を通して，教室外英語学習エ
ンゲージメントの先行要因（学習環境と個人差要因）を特定するとともに，
エンゲージメントの4側面が教室外の学習をどのように支え，学習の継続に
導いているかを，質的分析を通じて明らかにすることである。

　　本研究のリサーチクエスチョンは，以下の通りである。

RQ1. アプリを通じた教室外英語学習のエンゲージメントを喚起させた環境
　　　要因（学習環境），および個人差要因（動機づけ信念）は何か？
RQ2. エンゲージメントの4つの側面がどのように機能し，アプリを通じた
　　　教室外英語学習のエンゲージメントが維持されたのか？

16

3　研究の方法

3.1　参加者

　　本研究の参加者は，授業外で日常的に言語交換アプリ（以下：アプリ）を使
用する大学生英語学習者1名（女性，データ収集当時21歳）であった。筆者は，
この参加者（以下：A）との会話の中で，Aが高い動機づけ状態を維持してア
プリを活用した学習を継続的に行っていることを知り，興味を抱き，研究へ
の協力を依頼した。Aの言語交換のパートナーはインド出身の日本語学習者
（男性，データ収集当時22歳）で，Aの「英語学習に真剣に取り組みたい」とい
うタイムラインへの投稿に対してリアクションを示したうちの1名であっ

た。このパートナーからの返信メッセージをきっかけとして，彼らはアプリのチャットや通話機能を通じて，日常的かつ継続的にお互いの目標言語（例：Aは英語，パートナーは日本語）を教え合う活動を行っていた。

3.2　データ収集と分析

　Aの過去の英語学習経験とアプリを通じた英語コミュニケーションに対する認識を可視化するため，個人別態度構造分析（Personal Attitude Construct Analysis: PAC分析）（内藤，2002）によるデータの収集と分析を行った。PAC分析は，定式化した手続きによる参加者へのインタビューを通じて個人の態度や信念の特徴を理解する質的分析の手法である。PAC分析は基本的に，(1) 自由連想 (2) 連想項目間の類似度評定 (3) 類似度距離行列によるクラスター分析 (4) 参加者によるクラスター構造の解釈 (5) 研究者によるインタビューおよび総合的解釈のステップで分析が行われる。

　本研究における分析のステップは以下の5つである。まず，Aが刺激文と呼ばれる質問の文からイメージできる内容を飽和状態に至るまで自由連想し，付箋に書き留める〈1のステップ〉。次に，すべての連想項目を重要度順に番号をつけて付箋に書き足す。そして，全項目間の関連性を直感的に7段階の基準（「非常に近い」から「非常に遠い」）で評価する〈2のステップ〉。さらに，評価された項目を行列表にまとめ，それをデータとしたクラスター分析（Ward法）を実施してデンドログラムを作成する〈3のステップ〉。その後，インタビューの場を設け，そのデンドログラムを提示した上で，Aの印象を確認しながら複数のクラスターに分割する〈4のステップ〉。最後に，Aと共にそれぞれのクラスターの特性を表す簡潔な名前を検討しながら付与し，総合的な解釈を行う〈5のステップ〉。なお，本研究ではPAC分析をRQごとに2度実施したが，それぞれの刺激文は，「『中学校から現在までの英語学習』について何でもいいので思い浮かんだことを書いてください」(RQ1) と「『言語交換アプリでの英語コミュニケーション』について，何でもいいので思い浮かんだことを書いてください」(RQ2) とした。

　本研究では，「過去の英語学習経験」と「アプリを通じた英語コミュニケーション」を対象とした2度のPAC分析を実施したが，前者の分析のみ〈5〉

158

の手順に追加して個々の項目が過去のどの時期のものであるかを尋ね，浮上したクラスターの時系列を確認した。なお，インタビューは録画をして，後に逐語録を作成して考察の際に補助的に用いた。

4 研究の結果と考察

4.1 RQ1：環境要因（学習環境）と個人差要因（動機づけ信念）

過去の英語学習経験の分析において，A は 17 項目を連想し，それらを重要度の高い順に並べ，連想項目間の類似度評定を元にクラスター分析を行った。描画されたデンドログラムを見ながら行ったインタビューの中で，A はクラスターを 4 つに分割し，それぞれを表 16-1 のように名付けた。

表 16-1：A の「過去の英語学習経験」の PAC 分析結果
（連想項目・重要度・デンドログラム・クラスター名）

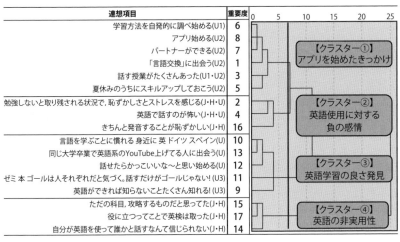

注：重要度 11 の連想項目にある「ゼミ本」は「ゼミ活動の中で読んだ文献を通じて」の意味

クラスター名は，①【アプリを始めたきっかけ】，②【英語使用に対する負の感情】，③【英語学習の良さ発見】，④【英語の非実用性】となった。個々の連想項目の右にあるカッコ内の J・H・U はそれぞれ中学・高校・大学の時期で，数字は学年を表している。それぞれのクラスターは，②と④が主に中学と高校，①と③が大学以降の経験を踏まえて発生した認識であった。

4つのクラスターを時系列で整理すると図16-1のようになる。ここから，Aの学習環境に対するネガティブな認識が大学1年から2年の時期にポジティブに変化していることがわかる。以下では，その変化のプロセスについて，過去の具体的な経験にもとづいて順に説明する。

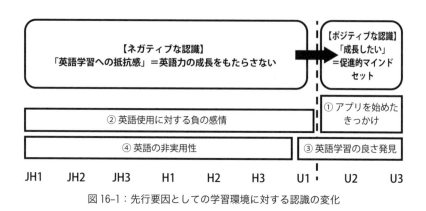

図16-1：先行要因としての学習環境に対する認識の変化

　中高時代のAにとって，英語は資格や受験のためのもので，暗記等で攻略する単なる科目の位置づけであった（例：重要度15, 17）。そのため，英語は学ばなければいけないが，教室では，発音が恥ずかしい，話すのが怖い，英語を使って誰かと話すなんて信じられない，といったネガティブな感情を持ち続けたままであった。そしてその感情は大学入学後も続いていた（例：重要度2, 4, 14, 16）。この時期には，自分の学習環境が英語力の成長をもたらすものでないとAが認識していたことは明らかであり，それによって英語学習へのエンゲージメントが喚起されにくい状態であったことは想像に難くない。

　しかし，大学入学後にその認識が変化する。大学1年時には，引き続き英語使用への抵抗感を持ちながらも，ドイツ語やスペイン語といった英語以外の外国語を初めて学び，言語を学ぶことの慣れや楽しさを感じ始めていた（例：重要度10）。またこの時期には，同じ大学出身の英語系YouTuberの活躍を知ったこと（例：重要度13）や，授業中に英語で活発に議論をするクラスメートを見て，英語を話せることはかっこいい（例：重要度12）と感じた経験から，理想L2自己（121ページ参照）も持つようになった。こうした英語学習

に対する新しい，かつポジティブな価値観の獲得が契機となり，A はスキルアップを目指し，より効果的な学習方法を自発的に調べる新たな行動を起こした。そしてこれを機に，アプリを活用した学習に取り組むに至った（例：重要度 1, 5, 6, 8）。

　上記の結果から，エンゲージメントを喚起する先行要因となった環境要因（学習環境）や個人差要因（動機づけ信念）を捉えることができる。環境要因としては，A はエンゲージメントが高まらない学習環境からの変化を求め，新たな学習環境を主体的に求めていたことがわかる。また，個人差要因としては，以前にはなかった新たな動機づけ信念として，理想 L2 自己の発生を機に自身の成長を促す意志である「促進的マインドセット」（Mercer & Dörnyei, 2020）を発生させていた。こうした文脈的要因の影響により立ち表れた英語学習に対する新たな価値観と動機づけ信念が，言語交換アプリによる学習エンゲージメントにつながる先行要因となっていたことがわかった。

4.2　RQ2：教室外英語学習エンゲージメントの維持に影響を与えた要因

　アプリを通じた英語コミュニケーションについて，RQ1 と同様の手続きで分析した結果，16 個の連想項目は 4 つのクラスターに分類された（表 16-2）。クラスターはそれぞれ，①【相性の良いパートナーの存在】，②【パートナーの言語学習に対する態度】，③【コミュニケーションの失敗】，④【アプリでの言語交換に対する自分の態度】と名付けられた。表内に太字で囲って示されている通り，分析から A のアプリを通じた英語学習においてパートナーの存在が非常に大きいことがわかった。そこで，ここではパートナーとの学習活動の中にエンゲージメントを維持する要因がどのように埋め込まれていたか，パートナーに対する認識を表すクラスター①と②の連想項目や関連するインタビューでの発言を用いて，エンゲージメントの 4 側面から考察する。

　行動的エンゲージメントを高めた要因には，例えば，毎日必ず返信が来る（例：重要度 13），といったパートナーの行動が影響していたと考えられる。この連想項目に関するインタビューからは，「1 回に結構ぽんぽんと送って，それに対して返信でまたぽんぽんと送っている」や，「時間がたってリアクションが来て。また時間がたったらそれが来て」のように，必ず相手からの

16

大学②

教室外での英語学習とエンゲージメント

表16-2：Aの「アプリを通じた英語コミュニケーション」のPAC分析結果
（連想項目・重要度・デンドログラム・クラスター名）

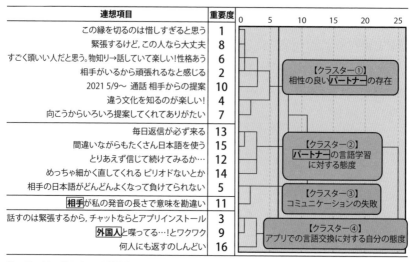

注：デンドログラムでは重要度5と11が同一のクラスターに含まれているが，インタビューのやり取りの中で5は②のクラスターに含めることとした。

リアクションがあるという点が学習活動への参加を促していたことがわかった。さらに，「でも，今は無理やり続けているとかでは全然ないですけれども。（中略）そうですね。当たり前みたいになっちゃって」という発言からも，努力する感覚ではなく，より自然にパートナーとのやり取りに取り組んでいた様子が見受けられた。

　パートナーから得られる訂正フィードバック等のランゲージング（Suzuki & Storch, 2020）を通じて，認知的エンゲージメントが引き出されていたことも示唆された（例：重要度14）。インタビューでは，毎週日曜日までにそれぞれが提示したトピックに対する説明文を書いて送り合う活動をしており，そのやり取りを通じてパートナーから訂正フィードバックを得ているといった説明があった（インタビューでの発言：「（中略）提案してそれについて書いてきて。でも私は英語で書いてくるんですけれども，何かそれを読んで『ここはこういうふうに言ったほうがいい』というのを…」）。こうしたやり取りの中で意味のある処理がなされることが，Aの認知的エンゲージメントの促進

に寄与していた可能性がある。ピリオドにまつわる連想項目における「〜してくれる」といった表現からも，適時の訂正フィードバックが認知的成長に役立っているというA自身の認識をうかがい知ることができる。

　感情的エンゲージメントについては，学習を共に楽しめる「相性の良さ」といったやり取りに対する好意的な感情が，感情的エンゲージメントの促進に影響を与えていたことがわかる。このことは，1つ目のクラスターにある「違う文化を知るのが楽しい」（例：重要度4）という認識からもうかがえる。インタビューにおいても，「本当に何か他の国の人とお祭りの写真とか，その国の，そういうのを送ってくれたりして。これは言語交換とかをしていないと知らなかったなと」と発言しており，異文化交流を通じて好意的な感情を認識していたことがわかる。さらに，「話していて楽しい」（例：重要度6）や，クラスター④の「外国人と喋ってる…！とワクワク」（例：重要度9）の項目からも，やり取りに好意的な感情を有していたことがわかる。表16-1にあった過去の非実用性の認識（「自分が英語を使って誰かと話すなんて信じられない（例：重要度14）」）からの対極的な変化は注目に値し，これも感情的エンゲージメントが高まっていたことの証左である。

　社会的エンゲージメントに関しては，第1章の図1-4（p. 11）において紹介されたStorch（2002, p. 128）の「ペアワークにおける学習者間の相互作用パターンの分類」を踏まえると，Aとパートナーによる学習活動は「対等な関係性」と「互恵性」が適切に調和した協働型の学習であった可能性が高く，これが社会的エンゲージメントの促進に寄与したと考えられる。対等な関係性は，Aとパートナーのやり取りがお互いに言語を学び合う，または教え合うことが前提であり，いわゆる「教師─学習者」といった立場が固定化された関係性ではなかった（お互いが教師でもあり学習者でもあった）ことから理解できる。また，互恵性についても，「相手がいるから頑張れるなと感じる」（例：重要度2）と認識しており，それぞれがお互いについて言語学習をサポートし合う，重要で信頼できる存在と感じていたことがうかがえる（例：重要度1, 8）。インタビューでは，「何かいい意味で英語の勉強を続けさせられているというか。1人だったらいつでもやめられるんですけれども。相手も自分を必要としてくれているから，いい意味でやめられないという感じ」と，継

16

大学②　教室外での英語学習とエンゲージメント

続的な学習の背景に互恵性があることを表す発言もあった。

　上記の通り，言語交換アプリを通じた教室外英語学習の分析からは，共に学ぶ存在である言語交換パートナーとのポジティブなインタラクションを通じて，エンゲージメントの4側面が充足され，またそれが継続的なエンゲージメントを支えていたことが明らかとなった。

5　まとめ

　本研究は，言語交換アプリを用いた教室外英語学習エンゲージメントを喚起した先行要因としての環境要因及び個人差要因がどのようなプロセスで生じたのか，そしてその学習活動が，エンゲージメントの行動的，認知的，感情的，社会的側面にどのように支えられながら維持されていたのかを検討した。得られた結果を整理したのが図16-2である。

　学習環境と動機づけ信念の分析結果は，英語学習に対するネガティブな価値観は，個々の文脈で起こる様々な出来事を契機としてポジティブに変化しうるものであること，そしてその変化によって学習者が新たな学習活動に積極的に取り組むことができるようになることを示している。この点は，第2

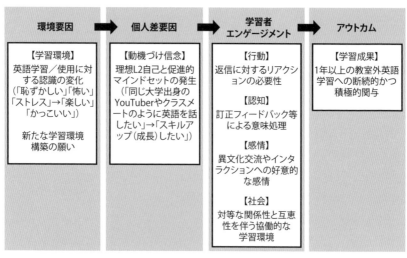

図16-2：Ａの教室外英語学習における学習者エンゲージメントのモデル

章で示されている「エンゲージメントは文脈によって変化しやすいもので介入によって高められる (p. 15)」という指摘とも一致する。学習者が自らの英語力に対する自信を失っていても，英語学習から得られる楽しさを実際の異文化交流の体験などを通じて感じることで，エンゲージメントの先行要因となりうる自己認識の変容を促すことができる可能性がある。

アプリを通じた言語交換による学習者エンゲージメントは，パートナーから届く返信メッセージや訂正フィードバック，やり取りから得られる好意的な感情，そして協働的な学習環境などの種々の要因に支えられていた。この結果からは，教室外での英語学習エンゲージメントにおいて，何よりも共に学ぶことのできる他者（パートナー）の重要性が明確に示された。したがって，他者と共に相互に学びをサポートし合える学習環境を設定し，自己決定理論における「関係性の欲求」（Ryan & Deci, 2017）を満たすことが，教室外で継続的に言語学習に取り組むためのヒントとなるかもしれない。

日本の EFL 環境では，SNS やスマートフォンのアプリなどのデジタルツールが，教室外の学習機会を増やすために大いに貢献するはずである。学習経験全体を豊かにするには，教師として，こうしたデジタルツールを活用した教室外英語学習についても理解を深めることが不可欠である。近年は，テクノロジーを介したタスクベースの言語教育とエンゲージメントの関連を分析する研究もされている（詳細は Smith & Ziegler, 2023 参照）。テクノロジーを介して教室の内と外の学習を効果的に結びつけたタスクをデザインし，それを通じてエンゲージメントを高める実践や研究がますます重要になるだろう。

16

大学②　教室外での英語学習とエンゲージメント

おわりに

　本書は，英語教育におけるエンゲージメントの理論と実践，研究事例について紹介した包括的な入門書である。エンゲージメントには主に4つの側面があり（第1章），その生起メカニズム（第2章）と授業デザインへの応用視点（第3章）について詳述した。さらに，エンゲージメントの概念に関する読者の素朴な疑問に答えつつ（第4章），教室での実践レポート（第5-10章）と日本で行われた研究事例（第11-16章）について紹介した。

　ただし，本書はエンゲージメントの特効薬ではない。本書で示した理論的・研究的知見に習熟し，有効な指導方略を駆使できれば，たちまちあらゆる学習者をエンゲージさせ，理想の教室を実現できるわけでは決してない。次の問いが，エンゲージメントを志向する授業作りのためのキーである。

生徒にとって「幸せな教室」とは何か？

　教育の議論が始まると，企業やジャーナリズムの世界では，キーコンピテンシーや問題解決能力などといった概念的な術語ばかりが飛び交う傾向がある。しかし，これらの表現は，教室の真実とはやや遠い響きを感じさせる。現場（教室）における学びの質を捉えようとする時，「生徒が目を輝かせている」，「真剣に考えている」，「仲間と熱く語り合っている」といった学習者の実存を捉えた教師の感性のことばがもっと重視されていい。なぜなら，学びの質を規定する最大の要因は，学習者が学習に深く関与できたかどうかにあるからだ。エンゲージングな授業の実現は学びの不可欠な要素であるが，では，そうした学習空間の創出には何が必要なのだろう。本書の中で言及することができなかった大切な思慮として，最後に2点だけ触れておきたい。

　1つ目は，学習者の「参加を保障する」ということだ。教室は社会的な空間である。つまり，人と人とが交わり，互いの力を活かし合うことで，より有意義な学びを共創していく空間だ。教師による一方的な知識教授型の授業

では，学習者の個性は無視されて，彼らの参加は保障されない。学習者一人ひとりの個性に目を向け，情動的かつ脳動的に仲間や教師と学び合う学習体験を通じて，彼ら独自の発想や強みが引き出される時，教室はダイナミックに躍動し始める。エンゲージメントとは，学習者の「参加」を前提とした，温かくしなやかな関わり合いの中で醸成される社会的営みの所産であることを忘れてはならない。

　2点目は，情熱を持って学習者との関係構築に努め，エンゲージメントの土台 (the foundation of engagement) を構築することだ。時々，学習者の心に火をつけ，エンゲージングなクラスムードを創り出す優れた教師に出会うことがある。「優れた教師」とは巧みな指導技術とカリスマ性を身につけた華やかな人物だと我々は想像しがちだ。しかし，実態はきっと違う。そのような教師は，学習者一人ひとりの個性を尊重し，理解と関わりを深めようと地味な努力を続けている。日々生徒観察に努め，校務に追われながらも時間を見つけて生徒の課題ノートにコメントを書き，対話し，悩める生徒の肩を抱き，共に泣き，共に笑い，共に教室に生きようと努めている。また，学習者の有意義な学びと参加意欲の向上のために，授業の工夫に黙々と取り組んでいる。そうした日々の地味な取り組みが，エンゲージメントの土台を築き，時が経つのも忘れて学びを楽しむ学習者の前向きな行動と心を育んでいく。教師が示す情熱は学習者にそのまま伝染し，彼らの眼差しが教師にはね返る。エンゲージメントとは，教師の情熱と日々の地味な努力に対する学習者の肯定的な評価反応とも言える。

　そう考えると，私たちにも十分にエンゲージングな学習空間を創出することは可能である。関係性が満たされ，それぞれの個性が認められ，対話と自己拡大の機会に溢れたエンゲージングなクラスとは，そのまま学習者にとっての「幸せな教室」の同義語に他ならない。そうした教室の実現は，私たち教師が果たすべき使命である。本書が，そんな使命の実現に燃える教師のための最初の友となれば幸いである。

引用文献

Ainley, M. (2012). Students' interest and engagement in classroom activities. In S. L. Christenson, A. L. Reschly, & C. Wylie (Eds.), *Handbook of research on student engagement* (pp. 283–302). Springer.

Al-Hoorie, A. H. (2018). The L2 motivational self system: A meta-analysis. *Studies in Second Language Learning and Teaching, 8*(4), 721–754.

Al-Hoorie, A. H., Oga-Baldwin, W. L. Q., Hiver, P., & Vitta, J. P. (2022). Self-determination mini-theories in second language learning: A systematic review of three decades of research. *Language Teaching Research*. Advance online publication. https://doi.org/10.1177/13621688221102686

Anderson, L. W., & Krathwohl, D. R. (Eds.). (2001). *A taxonomy for learning, teaching, and assessing: A revision of Bloom's taxonomy of educational objectives*. Longman.

Arndt, H. L. (2023). Construction and validation of a questionnaire to study engagement in informal second language learning. *Studies in Second Language Acquisition*. Advance online publication. https://doi.org/10.1017/S0272263122000572

Bandura, A. (1977). Self-efficacy: Toward a unifying theory of behavioral change. *Psychological Review, 84*(2), 191–215.

Bandura, A., & Schunk, D. H. (1981). Cultivating competence, self-efficacy, and intrinsic interest through proximal self-motivation. *Journal of Personality and Social Psychology, 41*(3), 586–598.

Baralt, M., Gurzynski-Weiss, L., & Kim, Y. (2016). Engagement with language: How examining learners' affective and social engagement explains successful learner-generated attention to form. In M. Sato & S. Ballinger (Eds.), *Peer interaction and second language learning: Pedagogical potential and research agenda* (pp. 209–240). John Benjamins.

Bartholomew, K. J., Ntoumanis, N., Ryan, R. M., Bosch, J. A., & Thøgersen-Ntoumani, C. (2011). Self-determination theory and diminished functioning: The role of interpersonal control and psychological need thwarting. *Personality and Social Psychology Bulletin, 37*(11), 1459–1473.

Benson, P. (2011). *Teaching and researching autonomy* (2nd ed.). Pearson Education.

Bjork, E. L., & Bjork, R. A. (2011). Making things hard on yourself, but in a good way:

Creating desirable difficulties to enhance learning. In M. A. Gernsbacher, R. W. Pew, L. M. Hough, & J. R. Pomerantz (Eds.), *Psychology and the real world: Essays illustrating fundamental contributions to society* (pp. 56–64). Worth Publishers.

Bloom, B. S. (Ed.). (1956). *Taxonomy of educational objectives: Handbook 1–Cognitive domain*. David McKay Co

Carreira, J. M. (2006). Developmental trends and gender differences in affective variables influencing English as a foreign language learning among Japanese elementary school pupils. *The Japan Association for the Study of Teaching English to Children Journal, 25*, 57–74.

Carver, C., Jung, D., & Gurzynski-Weiss, L. (2020). Examining learner engagement in relationship to learning and communication mode. In P. Hiver, A. H. Al-Hoorie, & S. Mercer (Eds.), *Student engagement in the language classroom* (pp. 120–142). Multilingual Matters.

Chang, D-F., Chien, W-C., & Chou, W-C. (2016). Meta-analysis approach to detect the effect of student engagement on academic achievement. *ICIC Express Letters, 10*(10), 2241–2246.

Cheon, S. H., Reeve, J., & Song, Y. G. (2016). A teacher-focused intervention to decrease PE students' amotivation by increasing need satisfaction and decreasing need frustration. *Journal of Sport and Exercise Psychology, 38*(3), 217–235.

Cheon, S. H., Reeve, R., Lee, Y., Ntoumanis, N., Gillet, N., & Kim, B. R. (2019). Expanding autonomy psychological need states from two (satisfaction, frustration) to three (dissatisfaction): A classroom-based intervention study. *Journal of Educational Psychology, 111*(4), 685–702.

Christenson, S. L., Reschly, A. L., & Wylie, C. (Eds.). (2012). *Handbook of research on student engagement*. Springer.

中央教育審議会 (2016).『幼稚園, 小学校, 中学校, 高等学校及び特別支援学校の学習指導要領等の改善及び必要な方策等について (答申)』https://www.mext.go.jp/b_menu/shingi/chukyo/chukyo0/toushin/__icsFiles/afieldfile/2017/01/10/1380902_0.pdf

中央教育審議会 (2021).『「令和の日本型学校教育」の構築を目指して～全ての子供たちの可能性を引き出す, 個別最適な学びと, 協働的な学びの実現～ (答申)』https://www.mext.go.jp/content/20210126-mxt_syoto02-000012321_2-4.pdf

Cohen, J. (1988). *Statistical power analysis for the behavioral sciences* (2nd ed.). Erlbaum.

Coyle, D., Hood, P., & Marsh, D. (2010). *CLIL: Content and language integrated learning.* Cambridge University Press.

Deci, E. L., & Ryan, R. M. (1985). *Intrinsic motivation and self-determination in human behavior.* Plenum Press.

Deci, E. L., & Ryan, R. M. (2002). *Handbook of self-determination research.* The University of Rochester Press.

Dewaele, J. -M., & Li, C. (2021). Teacher enthusiasm and students' social-behavioral learning engagement: The mediating role of student enjoyment and boredom in Chinese EFL classes. *Language Teaching Research, 25*(6), 922–945.

Dincer, A., Yeşilyurt, S., & Noels, K. A. (2019). Self-determination and classroom engagement of EFL learners: A mixed-methods study of the self-system model of motivational development. *Sage Open, 9*(2), 1–15.

Dixon, L. Q., Zhao, J., Shin, J-Y., Wu, S., Su, J-H., Burgess-Brigham, R., Gezer, M., & Snow, C. E. (2012). What we know about second language acquisition: A synthesis from four perspectives. *Review of Educational Research, 82*(1), 5–60.

Dörnyei, Z. (2001). *Motivational strategies in the language classroom.* Cambridge University Press.（ドルニェイ，Z.（著），米山朝二・関昭典（訳）(2005). 『動機づけを高める英語指導ストラテジー35』 大修館書店.）

Dörnyei, Z. (2005). *The psychology of the language learner: Individual differences in second language acquisition.* Lawrence Erlbaum.

Dörnyei, Z. (2009). The L2 motivational self-system. In Z. Dörnyei & E. Ushioda (Eds.), *Motivation, language identity and the L2 self* (pp. 9–42). Multilingual Matters.

Dörnyei, Z., & Kormos, J. (2000). The role of individual and social variables in oral task performance. *Language Teaching Research, 4*(3), 275–300.

Dörnyei, Z., & Murphey, T. (2003). *Group dynamics in the language classroom.* Cambridge University Press.

Eccels, J. S., & Wigfield, A. (1995). In the mind of the actor: The structure of adolescents' achievement task values and expectancy-related beliefs. *Personality and Social Psychology Bulletin, 21*(3), 215–225.

Fredricks, J. A. (2022). The measurement of student engagement: Methodological advances and comparison of new self-report instruments. In A. L. Reschly & S. L. Christenson (Eds.), *Handbook of research on student engagement* (2nd ed., pp. 597–616). Springer.

Fredricks, J. A., Blumenfeld, P., & Paris, A. H. (2004). School engagement: Potential of the concept, state of the evidence. *Review of Educational Research, 74*(1), 59–109.

Fredricks, J. A., Reschly, A. L., & Christenson, S. L. (Eds.). (2019). *Handbook of student engagement interventions: Working with disengaged students*. Academic Press.

Furlong, M. J., & Christenson, S. L. (2008). Engaging students at school and with learning: A relevant construct for ALL students. *Psychology in the Schools, 45*(5), 365–368.

Ghasemi, F. (2023). School context and academic engagement: A longitudinal study on the mediating effect of the motivational self system. *Motivation Science, 9*(1), 42–52.

Green, J., Martin, A. J., & Marsh, H. W. (2007). Motivation and engagement in English, mathematics and science high school subjects: Towards an understanding of multidimensional domain specificity. *Learning and Individual Differences, 17*(3), 269–279.

Gunnell, K., Crocker, P. R. E., Wilson, P. M., Mark, D. E., & Zombo, B. D. (2013). Psychological needs satisfaction and thwarting: A test of basic psychological needs theory in physical activity contexts. *Psychology of Sports and Exercise, 14*(5), 599–607.

Haerens, L., Aelterman, N., Vansteenkiste, M., Soenens, B., & Van Petegem, S. (2015). Do perceived autonomy-supportive and controlling teaching relate to physical education students' motivational experiences through unique pathways? Distinguishing between the bright and dark side of motivation. *Psychology of Sport and Exercise, 16*(3), 26–36.

Harbour, K. E., Evanovich, L. L., Sweigart, C. A., & Hughes, L. E. (2015). A brief review of effective teaching practices that maximize student engagement. *Preventing School Failure, 59*(1), 5–13.

Hart, S., & Hodson, V. K. (2004). *The compassionate classroom: Relationship-based teaching and learning*. Puddle Dancer Press.

Hattie, J. (2003). Teachers make a difference, What is the research evidence? http://research.acer.edu.au/research_conference_2003/4/

Heaton, J. B. (1975). *Beginning composition through pictures*. Longman.

樋口耕一 (2014). 『社会調査のための計量テキスト分析』 ナカニシヤ出版.

廣森友人 (2003). 「学習者の動機づけは何によって高まるのか: 自己決定理論による高校生英語学習者の動機づけの検討」 *JALT Journal, 25*(2), 173–186.

廣森友人 (2006). 『外国語学習者の動機づけを高める理論と実践』 多賀出版.

廣森友人 (2023). 『改訂版 英語学習のメカニズム: 第二言語習得研究にもとづく効果的な勉強法』大修館書店.

Hiromori, T. (2021). Anatomizing students' task engagement in pair work in the language classroom. *Journal for the Psychology of Language Learning, 3*(1), 88–106.

Hiromori, T. (2023). Collaborative writing: Theory, research, and implications. In H. Mohebbi & Y. Wang (Eds.), *Insights into teaching and learning writing: A practical guide for early-career teachers* (pp. 114–126). Castledown Publishers.

Hiromori, T. (2024). Group work dynamics and the role of leadership in face-to-face and online second language classes. *International Journal of Applied Linguistics, 34* (1), 316–332.

Hiromori, T., Yoshimura, M., Kirimura, R., & Mitsugi, M. (2021). Roles of leadership and L2 learner motivation in group work activities. *JACET Journal, 65*, 47–67.

Hiver, P., Al-Hoorie, A. H., & Mercer, S. (Eds.). (2020). *Student engagement in the language classroom.* Multilingual Matters.

Hiver, P., Al-Hoorie, A. H., Vitta, J. P., & Wu, J. (2024). Engagement in language learning: A systematic review of 20 years of research methods and definitions. *Language Teaching Research, 28*(1), 201–230.

Hiver, P., & Dörnyei, Z. (2017). Language teacher immunity: A double-edged sword. *Applied Linguistics, 38*(3), 405–423.

Hiver, P., Zhou, S. A., Tahmouresi, S., Sang, Y., & Papi, M. (2020). Why stories matter: Exploring learner engagement and metacognition through narratives of the L2 learning experience. *System, 91*, 102260. https://doi.org/10.1016/j.system.2020.102260

Hoi, V. N. (2022). A synergetic perspective on students' perception of classroom environment, expectancy value belief, and engagement in and EFL context. *Language Teaching Research.* Advance online publication. https://doi.org/10.1177/13621688221075781

Holec, H. (1981). *Autonomy and foreign language learning.* Pergamon Press.

Ikeda, M. (2013). Does CLIL work for Japanese secondary school students? Potential for the "Weak" version of CLIL. *International CLIL Research Journal, 2*(1), 31–43.

Ikeda, M., & Pinner, R. (2020). Introduction — CLIL in Japan: The case for Soft CLIL in the EFL context. In M. Ikeda, S. Izumi, Y. Watanabe, R. Pinner, & M. Davis (Eds.), *Soft CLIL and English language teaching: Understanding Japanese policy, practice, and implications* (pp. 15–22). Routledge.

172

Jang, H., Kim, E. J., & Reeve, J. (2016). Why students become more engaged or more disengaged during the semester: A self-determination theory dual-process model. *Learning and Instruction, 43*, 27–38.

Johnson, D. W., & Johnson, R. T. (2018). Cooperative learning: The foundation for active learning. In S. M. Brito (Ed.), *Active learning: Beyond the future* (pp. 1–12). IntechOpen.

江聚名・田中あゆみ (2018). 「エージェンティック・エンゲージメント尺度日本語版 (AES-J) の作成」『ソーシャル・モチベーション研究』第9巻, 22–23.

鹿毛雅治 (2013). 『学習意欲の理論: 動機づけの教育心理学』 金子書房.

加藤由崇・松村昌紀・Paul Wicking・横山友里・田村祐・小林真実 (2020). 『コミュニケーション・タスクのアイデアとマテリアル: 教室と世界をつなぐ英語授業のために』 三修社.

Khajavy, G. H. (2020). Modeling the relations between foreign language engagement, emotions, grit and reading achievement. In P. Hiver, A. H. Al-Hoorie, & S. Mercer (Eds.), *Student engagement in the language classroom* (pp. 241–259). Multilingual Matters.

小林敏彦 (1999). 「海外短期語学研修で英語力はどのくらい伸びるものか」『小樽商科大学人文研究』第97号, 83–100.

国立教育政策研究所 (2020). 『「指導と評価の一体化」のための学習評価に関する参考資料 中学校 外国語』 https://www.nier.go.jp/kaihatsu/pdf/hyouka/r020326_mid_gaikokg.pdf

Lam, S.-F., Wong, B. P. H., Yang, H., & Liu, Y. (2012). Understanding student engagement with a contextual model. In S. L. Christenson, A. L. Reschly, & C. Wylie (Eds.), *Handbook of research on student engagement* (pp. 403–420). Springer.

Lei, H., Cui, Y., & Zhou, W. (2018). Relationships between student engagement and academic achievement: A meta-analysis. *Social Behavior and Personality: An International Journal, 46*(3), 517–528.

Leslie, I. (2014). *Curious: The desire to know and why your future depends on it.* Basic Books. (レズリー, I. (著), 須川綾子 (訳) (2016). 『子どもは40000回質問する』 光文社.)

Levelt, W. J. M. (1989). *Speaking: From intention to articulation.* MIT Press.

Loewenstein, G. (1994). The psychology of curiosity: A review and reinterpretation. *Psychological Bulletin, 116*(1), 75–98.

MacIntyre, P. D. (2012). The idiodynamic method: A closer look at the dynamics of communication traits. *Communication Research Reports, 29*(4), 361–367.

Mahmoodi, M. H., & Yousefi, M. (2022). Second language motivation research 2010–2019: A synthetic exploration. *The Language Learning Journal, 50*(3), 273–296.

Martin, A. J. (2021). *The Motivation and Engagement Scale* (20th ed.). Lifelong Achievement Group. https://lifelongachievement.com

Marzano, R. J., Marzano, J. S., & Pickering, D. J. (2003). *Classroom management that works. Research-based strategies for every teacher.* Pearson Education.

McCafferty, S. G., Jacobs, G. M., & DaSilva Iddings, A. C. (Eds.). (2006). *Cooperative learning and second language teaching.* Cambridge University Press.

McCombs, B. L., & J. E. Pope. (1994). *Motivating hard to reach students.* American Psychological Association.

McDonough, J., Shaw, C., & Masuhara, H. (2013). *Materials and methods in ELT: A teacher's guide.* John Wiley & Sons.

Mercer, S. (2019). Language learner engagement: Setting the scene. In X. Gao (Eds.), *Second handbook of English language teaching* (pp. 643–660). Springer.

Mercer, S., & Dörnyei, Z. (2020). *Engaging language learners in contemporary classrooms.* Cambridge University Press. (マーサー, S.・ドルニェイ, Z. (著), 鈴木章能・和田玲 (訳) (2022). 『外国語学習者エンゲージメント: 主体的学びを引き出す英語授業』 アルク.)

Mercer, S., Talbot, K. R., & Wang, I. K-H. (2020). Fake or real engagement: Looks can be deceiving. In P. Hiver, A. H. Al-Hoorie, & S. Mercer (Eds.), *Student engagement in the language classroom* (pp. 143–162). Multilingual Matters.

Miller, C. J., Perera, H. N., & Maghsoudlou, A. (2021). Students' multidimensional profiles of math engagement: Predictors and outcomes from a self-system motivational perspective. *British Journal of Educational Psychology, 91*(1), 261–285.

水本篤・竹内理 (2010). 「効果量と検定力分析入門―統計的検定を正しく使うために―」『より良い外国語教育研究のための方法 (pp. 47-73)』 外国語教育メディア学会 (LET) 関西支部メソドロジー研究部会 2010 年度報告論集.

文部科学省 (2014). 『グローバル化に対応した英語教育改革実施計画』https://www.mext.go.jp/a_menu/kokusai/gaikokugo/__icsFiles/afieldfile/2014/01/31/1343704_01.pdf

文部科学省 (2018a). 『高等学校学習指導要領 (平成 30 年告示) 解説 外国語編・英語編』https://www.mext.go.jp/content/1407073_09_1_2.pdf

文部科学省 (2018b). 『第 3 期教育振興基本計画 (概要)』 https://www.mext.go.jp/a_menu/keikaku/detail/1406127.htm

文部科学省（2019）.『「外国人留学生在籍状況調査」及び「日本人の海外留学者数」等について』 https://www.mext.go.jp/a_menu/koutou/ryugaku/__icsFiles/afieldfile/2019/01/18/1412692_1.pdf

文部科学省（2020a）.『学習指導要領: 平成29・30・31年改訂学習指導要領の趣旨・内容を分かりやすく紹介』 https://www.mext.go.jp/a_menu/shotou/new-cs/1383986.htm#section5

文部科学省（2020b）.『新しい学習指導要領における外国語活動・外国語の目標』https://www.mext.go.jp/content/20200721-mxt_kyoiku01-000008881_2.pdf

Morrison, G. M., Robertson, L., Laurie, B., & Kelly, J. (2002). Protective factors related to antisocial behavior trajectories. *Journal of Clinical Psychology*, *58*(3), 277–290.

内藤哲雄（2002）.『PAC分析実施法入門：「個」を科学する新技法への招待』 ナカニシヤ出版.

Newman, R. S. (2006). Students' adaptive and nonadaptive help seeking in the classroom: Implications for the context of peer harassment. In S. A. Karabenick & R. S. Newman (Eds.), *Help seeking in academic settings: Goals, groups and contexts* (pp. 225–258). Lawrence Erlbaum Associates.

Nishida, R. (2012). A longitudinal study of motivation, interest, CANDO and willingness to communicate in foreign language activities among Japanese fifth-grade students. *Language Education and Technology*, *49*, 23–45.

Nishida, R. (2013). *Empirical studies of affective variables and motivational changes among Japanese elementary school EFL learners*. Kinseido.

Noughabi, M. A., Amirian, S. M. R., Adel, S. M. R., & Zareian, G. (2022). The association of experienced in-service EFL teachers' immunity with engagement, emotions, and autonomy. *Current Psychology*, *41*, 5562–5571.

O'Donnell, & K., Reschly, A. L. (2020). Assessment of student engagement. In A. L. Reschly, A. J. Pohl, & S. L. Christenson (Eds.), *Student engagement: Effective academic, behavioral, cognitive, and affective interventions at school* (pp. 55–76). Springer.

Oga-Baldwin, W. L. Q. (2019). Acting, thinking, feeling, making, collaborating: The engagement process in foreign language learning. *System*, *86*, Article 102128. https://doi.org/10.1016/j.system.2019.102128

Oga-Baldwin, W. L. Q., & Nakata, Y. (2017). Engagement, gender, and motivation: A predictive model for Japanese young language learners. *System*, *65*, 151–163.

Okunuki, A. (2024). Language learner engagement in secondary education: A quantitative study of the constructs and the relationship between achievement and teacher support. *International Journal of Curriculum Development and Practice, 26* (1), 47–60.

Okunuki, A., & Kashimura, Y. (2024). Student engagement and academic achievement in second language learning: A meta-analysis. *JACET Journal,68*, 71–90.

Pekrun, R., & Linnenbrink-Garcia, L. (2012). Academic emotions and student engagement. In S. Christenson, A. Reschly, & C. Wylie (Eds.), *Handbook of research on student engagement* (pp. 259–282). Springer.

Perera, H. N., Vosicka, L., Granziera, H., & McIlveen, P. (2018). Towards an integrative perspective on the structure of teacher work engagement. *Journal of Vocational Behavior, 108*, 28–41.

Peters, E., Noreillie, A. S., Heylen, K., Bulté, B., & Desmet, P. (2019). The impact of instruction and out-of-school exposure to foreign language input on learners' vocabulary knowledge in two languages. *Language Learning, 69*(3), 747–782.

Philp, J., & Duchesne, S. (2016). Exploring engagement in tasks in the language classroom. *Annual Review of Applied Linguistics, 36*, 50–72.

Phung, L., Nakamura, S., & Reinders, H. (2020). The effect of choice on affective engagement: Implications for task design. In P. Hiver, A. H. Al-Hoorie, & S. Mercer (Eds.), *Student engagement in the language classroom* (pp. 163–181). Multilingual Matters.

Plonsky, L. (2011). The effectiveness of second language strategy instruction: A meta-analysis. *Language Learning, 61*(4), 993–1038.

Pöysä, S., Vasalampi, k., Muotka, J., Lerkkanen, M., Poikkeus, A., & Nurmi, J. (2019). Teacher–student interaction and lower secondary school students' situational engagement. *British Journal of Educational Psychology, 89*(2), 374–392.

Reeve, J. (2012). A self-determination theory perspective on student engagement. In S. L. Christenson, A. L. Reschly, & C. Wylie (Eds.), *Handbook of research on student engagement* (pp. 149–172). Springer.

Reeve, J. (2016). Autonomy-supportive teaching: What it is, how to do it. In C. W. Liu, K. C. J. Wang, & R. M. Ryan. (Eds.), *Building autonomous learners: Perspectives from research and practice using self-determination theory* (pp. 129–152). Springer.

Reeve, J. (2018). *Understanding motivation and emotion* (7th ed.). John Wiley & Sons

Reeve, J., & Jang, H. (2022). Agentic engagement. In A. L. Reschly & S. L. Christenson (Eds.), *Handbook of research on student engagement* (2nd ed., pp. 95–107).

Springer.

Reeve, J., Ryan, R. M., Cheon, S. H., Matos, L., & Kaplan, H. (2022). *Supporting students' motivation: Strategies for success*. Taylor & Francis.

Reeve, J., & Shin, S. H. (2020). How teachers can support students' agentic engagement. *Theory into Practice, 59*(2), 150–161.

Reeve, J., & Tseng, C. M. (2011). Agency as a fourth aspect of students' engagement during learning activities. *Contemporary Educational Psychology, 36*(4), 257–267.

Reschly, A. L., & Christenson, S. L. (2012). Jingle, jangle, and conceptual haziness: Evolution and future directions of the engagement construct. In S. L. Christenson, A. L. Reschly, & C. Wylie (Eds.), *Handbook of research on student engagement* (pp. 3–20). Springer.

Reschly, A. L., & Christenson, S. L. (2022). Jingle-jangle revisited: History and further evolution of the student engagement construct. In A. L. Reschly & S. L. Christenson (Eds.), *Handbook of research on student engagement* (2nd ed., pp. 3–24). Springer.

Reschly, A. L., Pohl, A. J., & Christenson, S. L. (Eds.). (2020). *Student engagement: Effective academic, behavioral, cognitive, and affective interventions at school.* Springer.

Ryan, R. M., & Deci, E. L. (2000). The darker and brighter sides of human existence: Basic psychological needs as a unifying concept. *Psychological Inquiry, 11*(4), 319–338.

Ryan, R. M., & Deci, E. L. (2017). *Self-determination theory: Basic psychological needs in motivation, development and wellness*. Guilford Press.

櫻井茂男 (2020). 『学びの「エンゲージメント」: 主体的に学習に取り組む態度の評価と育て方』 図書文化.

Salmela-Aro, K., Hietajärvi, L., & Lonka, K. (2019). Work burnout and engagement profiles among teachers. *Frontiers in Psychology, 10*, Article 2254. https://doi.org/10.3389/fpsyg.2019.02254

Schlechty, P. C. (2011). *Engaging students: The next level of working on the work.* Jossey-Bass.

Schunk, D. H. (1998). Teaching elementary students to self-regulate practice of mathematical skills with modeling. In D. H. Schunk & B. J. Zimmerman (Eds.), *Self-regulated learning, from teaching to self-reflective practice* (pp. 137–159). Guilford Press.

Shernoff, D. J. (2013). *Optimal learning environments to promote student engagement.*

Springer.

小学校英語評価研究会（2022）.「小学校英語 Can-Do 及びパフォーマンス評価尺度活用マニュアル～中学校英語教科書接続観点別評価試案～」https://www.izumi-lab.jp/dl/easel_013.pdf

Sinatra, G. M., Heddy, B. C., & Lombardi, D.（2015）. The challenges of defining and measuring student engagement in science. *Educational Psychologist*, *50*(1), 1–13.

Skinner, E. A., Furrer, C., Marchand, G., & Kindermann, T.（2008）. Engagement and disaffection in the classroom: Part of a larger motivational dynamic? *Journal of Educational Psychology*, *100*(4), 765–781.

Skinner, E. A., Kindermann, T. A., Connell, J. P., & Wellborn, J. G.（2009）. Engagement and disaffection as organizational constructs in the dynamics of motivational development. In K. R. Wentzel & A. Wigfield (Eds.), *Handbook of motivation at school* (pp. 223–245). Routledge.

Skinner, E. A., & Pitzer, J. R.（2012）. Developmental dynamics of student engagement, coping, and everyday resilience. In S. L. Christenson, A. L. Reschly, & C. Wylie (Eds.), *Handbook of research on student engagement* (pp. 21–44). Springer.

Skinner, E. A., & Raine, K. E.（2022）. Unlocking the positive synergy between engagement and motivation. In A. L. Reschly & S. L. Christenson (Eds.), *Handbook of research on student engagement* (2nd ed., pp. 25–56). Springer.

Smith, G, F., & Ziegler, N.（2023）. Engagement in technology-mediated TBLT. In C. Lambert, S. Aubrey, & G, Bui (Eds.), *The role of the learner in task-based language teaching: Theory and research methods* (pp. 91–110). Routledge.

染谷藤重（2020a）.「高校生の英語における基本的欲求充足尺度の作成の予備調査: 内発的動機づけに及ぼす影響」『上越教育大学教職大学院研究紀要』 第 7 巻, 217–223.

染谷藤重（2020b）.「基本的欲求不満尺度の作成に関する予備調査: 内発的動機づけへの影響に焦点を当てて」『上越教育大学研究紀要』 第 39 巻第 2 号, 467–475.

染谷藤重（2022）.「教師の動機づけスタイルがエンゲージメントに及ぼす影響: 英語の授業における心理的欲求を媒介として」『中部地区英語教育学会紀要』 第 51 号, 33–40.

染谷藤重（2023）.「自律性支援・基本的心理欲求及び行為主体的エンゲージメントの関連性の検証: 自己決定理論における二重過程モデルを通して」『中部地区英語教育学会紀要』 第 52 号, 85–92.

Someya, F., & Obermeier, A.（2023）. Autonomy support, psychological needs satisfaction, academic engagement, and achievement in English learning. 『LET 関西支部研究集録』 第 21 号, 19–38.

Spencer, D., & Temple, T. (2021). Examining students' online course perceptions and comparing student performance outcomes in online and face-to-face classrooms. *Online Learning Journal, 25*(2), 233–261.

Storch, N. (2002). Patterns of interaction in ESL pair work. *Language Learning, 52* (1), 119–158.

Strauss, A. L, & Cobin, J. (1990). *Basics of qualitative research: Grounded theory procedures and techniques.* Sage.

鈴木理恵・林千賀 (2014).「海外語学短期留学の効果: 学生の言語的・情意的側面に見られる変化」『関東甲信越英語教育学会誌』第 28 号, 83–96.

鈴木渉 (2022).「第 11 章 子どもの英語学習」中田達也・鈴木祐一 (編)『英語学習の科学 (pp. 185–202)』研究社.

Suzuki, W., & Storch, N. (2020). *Languaging in language learning and teaching: A collection of empirical studies.* John Benjamins.

Svalberg, A. M. -L. (2009). Engagement with language: Interrogating a construct. *Language Awareness, 18*(3–4), 242–258.

Svalberg, A. M. -L. (2018). Researching language engagement; current trends and future directions. *Language Awareness, 27*(1–2), 21–39.

Taguchi, T., Magid, M., & Papi, M. (2009). The L2 motivational self system among Japanese, Chinese and Iranian learners of English: A comparative study. In Z. Dörnyei & E. Ushioda (Eds.), *Motivation, language identity and the L2 self* (pp. 66–97). Multilingual Matters.

Teravainen-Goff, A. (2022). Why motivated learners might not engage in language learning: An exploratory interview study of language learners and teachers. *Language Teaching Research.* Advance online publication. https: //doi.org/10. 1177/13621688221135399

上淵寿・大芦治 (編) (2019).『新・動機づけ研究の最前線』北大路書房.

Ur, P. (1988). *Grammar practice activities: A practical guide for teachers.* Cambridge University Press.

Vygotsky, L. S. (1978). *Mind in society: Development of higher psychological processes.* Harvard University Press.

和田玲 (2022).「学習者エンゲージメント (夢中) を引き出す授業の原理」『英語教育』Vol.71(9), 40–41. 大修館書店.

Wang, I. K.-H., & Mercer, S. (2020). Conceptualizing willingness to engage in L2 learning beyond the classroom. In P. Hiver, A. H. Al-Hoorie, & S. Mercer (Eds),

Student engagement in the language classroom (pp. 260–279). Multilingual Matters.

Wang, M.-T., Fredricks, J. A., Ye, F., Hofkens, T. L., & Linn, J. S. (2016). The math and science engagement scales: Scale development, validation, and psychometric properties. *Learning and Instruction, 43*, 16–26.

渡部良典・池田真・和泉伸一 (2011). 『CLIL (クリル) 内容言語統合型学習 上智大学外国語教育の新たなる挑戦 第1巻 原理と方法』 上智大学出版局.

Wen, C., Zhang, W., Yu, C. F., & Dai, W. Z. (2010). Relationship between junior students' gratitude and academic achievement: With academic engagement at the mediator [In Chinese]. *Psychological Development and Education, 26*(6), 598–605.

Williams, G. C., & Deci, E. L. (1996). Internalization of biopsychosocial values by medical students: A test of self-determination theory. *Journal of Personality and Social Psychology, 70*(4), 767–779.

Willis, D., & Willis, J. (2007). *Doing task-based teaching*. Oxford University Press.

Wong, Z. Y., Liem, G. A. D., Chan, M., & Datu, J. A. D. (2023). Student engagement and its association with academic achievement and subjective well-being: A systematic review and meta-analysis. *Journal of Educational Psychology*. Advance online publication. https://doi.org/10.1037/edu0000833

横田雅弘・太田浩・新見有紀子 (編) (2018). 『海外留学がキャリアと人生に与えるインパクト: 大規模調査による留学の効果測定』 学分社.

吉田達弘 (2017). 「英語授業におけるペアワークの実践と研究」 *KELES Journal, 2*, 6–10.

Yoshimura, M., Hiromori, T., & Kirimura, R. (2023). Dynamic changes and individual differences in learners' perceptions of cooperative learning during a project activity. *RELC Journal, 54*(3), 667–682.

Yoshimura, M., Hiromori, T., Mitsugi, M., & Kirimura, R. (2023). How does an assigned leader affect group work dynamics and students' motivation in online settings? *Annual Review of English Language Education in Japan, 34*, 17–32.

Zhou, S. A., Hiver, P., & Al-Hoorie, A. H. (2020). Measuring L2 engagement: A review of issues and applications. In P. Hiver, A. H. Al-Hoorie, & S. Mercer (Eds.), *Student engagement in the language classroom* (pp. 75–98). Multilingual Matters.

Zhou, S. A., Hiver, P., & Al-Hoorie, A. H. (2023). Dynamic engagement: A longitudinal dual-process, reciprocal-effects model of teacher motivational practice and L2 student engagement. *Language Teaching Research*. Advance online publication. https://doi.org/10.1177/13621688231158789

索引

【編著者略歴】

廣森友人（ひろもり　ともひと）【編著，はじめに，1，4，15章】明治大学国際日本学部教授。北海道大学大学院博士課程修了（国際広報メディア）。専門は英語教育学，第二言語習得。著書に『改訂版 英語学習のメカニズム：第二言語習得研究にもとづく効果的な勉強法』，『英語教育論文執筆ガイドブック：ジャーナル掲載に向けたコツとヒント』，『「学ぶ・教える・考える」ための実践的英語科教育法』（いずれも大修館書店）などがある。

和田　玲（わだ　れい）【編著，3，7章，おわりに】ウィーン大学大学院英米研究科博士課程。元順天中学校高等学校英語科教諭（20年間）。ロンドン大学大学院修士課程修了（応用言語学）。専門は教育言語学，学習者心理。日本全国の様々な教育研究機関や大学で教員研修講師を務める。著書に『外国語学習者エンゲージメント－主体的学びを引き出す英語授業』（共訳），『5 STEP アクティブリーディング』（いずれもアルク）などがある。

樫村祐志（かしむら　ゆうし）【2，4章】明治大学大学院国際日本学研究科博士課程。学習院大学大学院人文科学研究科修士課程修了（英語英米文学）。専門は第二言語習得（主に学習者要因）。関東甲信越英語教育学会編集委員を務める。第36回「英検」研究助成入選。*ARELE*, *JACET Journal*, *KATE Journal*, *HELES Journal* に論文を発表している。

奥貫明子（おくぬき　あきこ）【4，12章】明治大学大学院国際日本学研究科博士課程。小中学校での学習支援員としての経験から，教師と生徒の両方の視点を考慮した研究に取り組む。現在の研究テーマは言語学習者のエンゲージメント。主な関心は学習者のウェルビーイング，学習者オートノミー，自主学習，放課後支援，学習アドバイジングなど。

俣野知里（またの　ちさと）【5章】京都市立二条城北小学校教諭。関西学院大学大学院教育学研究科博士課程単位取得満期退学。京都市立小学校，京都教育大学附属桃山小学校での勤務を経て，2022年度より京都市立二条城北小学校に勤務。小学校外国語教育に関する実践研究や専科教員を中心とした教員研修に関心をもっている。

松浦由佳（まつうら　ゆか）【6章】東洋英和女学院中学部高等部英語科教諭。University of Bristol MSc TESOL，上智大学大学院文学研究科英米文学専攻博士前期課程修了。教育的関心は英語学習者の意欲を喚起し維持する指導法について。論文に「国際語としての英語（EIL）を教える」がある（『私学研修第170号』一般社団法人私学研修福祉会）。

小金丸倫隆（こがねまる　みちたか）【8章】神奈川県立大磯高等学校総括教諭。テンプル大学大学院修士課程修了（TESOL）。神奈川県教育委員会優秀授業実践教員表彰（2008・2021），文部科学大臣表彰（2022）。著書に検定教科書『Amity English Communication Ⅰ・Ⅱ』『APPLAUSE ENGLISH COMMUNICATION Ⅰ・Ⅱ・Ⅲ』（開隆堂出版・共著）。

山上　徹（やまがみ　とおる）【9章】札幌新陽高等学校英語科教諭。北海道大学大学院修士課程修了（学術）。*International Journal of TESOL & Education* や *PAAL Journal* に論文を発表している。現任校では，国際交流チーフを務めており，留学プログラム策定や，校内の"国際化"を実現するために諸外国の高校，日本語学校等とも連携し，業務を行っている。

吉村征洋（よしむら　まさひろ）【10章】龍谷大学農学部准教授。関西大学大学院博士課程修了（文学）。専門はイギリス演劇，協同学習。共著論文に "Dynamic Changes and Individual Differences in Learners' Perceptions of Cooperative Learning During a Project Activity"（*RELC Journal*）などがある。

西田理恵子（にしだ　りえこ）【11章】大阪大学大学院人文学研究科教授。関西大学大学院外国語教育学研究科博士後期課程修了。博士（外国語教育学）。専門は英語教育学，第二言語習得。著書に『動機づけ研究に基づく英語指導』（大修館書店），*The psychological experience of integrating content and language*（Multilingual Matters）などがある。

髙木智記（たかぎ　ともき）【11章】大阪府枚方市立長尾中学校首席。関西大学大学院外国語教育学研究科博士課程前期課程修了（外国語教育学専攻）。修士（外国語教育学）。大阪府中学校英語教育研究会事務局長として，府内の研修会やセミナー等で講師を務めている。枚方市内では英語 Speech Contest を主宰している。

泉澤　誠（いずみさわ　まこと）【13章】武蔵野中学高等学校英語科教諭。明治大学大学院国際日本学研究科博士前期課程修了（英語教育学研究領域）。英語学習における動機づけや自律学習に関心がある。現任校では海外研修の責任者を務め，日々の授業や留学を通した生徒の英語力，人間力の育成に向けて実践に取り組んでいる。

染谷藤重（そめや　ふじしげ）【14章】京都教育大学教育学部准教授。上越教育大学大学院修士課程修了，東京学芸大学連合大学院単位取得満期退学。専門は英語教育学，教育心理学，学習者要因である。*JACET Journal*, *JAFLE Bulletin*, *JES Journal*, *JASTEC Journal* 等に論文を掲載している。

三ツ木真実（みつぎ　まこと）【16章】小樽商科大学言語センター准教授。北海道大学大学院博士課程修了（国際広報メディア）。専門は応用言語学，学習者心理の質的研究。著書に『英語教育論文執筆ガイドブック：ジャーナル掲載に向けたコツとヒント』（共著，大修館書店）があり，*JPLL*, *JACET Journal*, *ARELE* 等で論文を発表している。

エンゲージメントを促す英語授業
──やる気と行動をつなぐ新しい動機づけ概念

©Tomohito Hiromori and Rei Wada, 2024　　　　　　　　NDC375／viii, 185p／21cm

初版第1刷────2024年7月20日

著者────────廣森友人・和田玲
発行者───────鈴木一行
発行所───────株式会社 大修館書店
　　　　　　　　〒113-8541 東京都文京区湯島2-1-1
　　　　　　　　電話03-3868-2651（営業部）　03-3868-2293（編集部）
　　　　　　　　振替00190-7-40504
　　　　　　　　[出版情報] https://www.taishukan.co.jp

装丁者────────松岡昌代（WELL PLANNING）
印刷所────────錦明印刷
製本所────────ブロケード

ISBN978-4-469-24673-5　　Printed in Japan
Ⓡ本書のコピー、スキャン、デジタル化等の無断複製は著作権法上での例外を除き禁じられて
います。本書を代行業者等の第三者に依頼してスキャンやデジタル化することは、たとえ個人
や家庭内での利用であっても著作権法上認められておりません。

改訂版　**英語学習のメカニズム**
第二言語習得研究にもとづく効果的な勉強法

廣森友人　著

言語習得のしくみを知れば，英語はもっと効率的に勉強できる！

第二言語習得研究の基礎的な理論や，動機づけ・学習方略・学習スタイルといった学習者要因のわかりやすい解説と，研究成果に基づいた具体的な英語学習法を提案する。最新の研究成果からの知見を盛り込み，授業や自習で使えるハンドアウトやスライドのダウンロード資料も充実！

24665-0　A5判・224ページ　定価 1,760 円（本体 1,600 円＋税 10%）

「学ぶ・教える・考える」ための
実践的英語科教育法

酒井英樹・廣森友人・吉田達弘　編著

新しい時代の英語教育を背負っていく若い世代の「羅針盤」

英語の学習と指導についての知識や技能を，①英語・教育政策編，②学習者要因編，③指導編の 3 本柱で構成，読者が自らの学習経験を振り返りながら考える活動を随所に取り入れた。ハンドアウトや URL リンクのコンパニオン・ウェブサイトも充実。

24622-3　A5判・336ページ　定価 2,640 円（本体 2,400 円＋税 10%）

動機づけ研究に基づく英語指導

西田理恵子 編著

英語学習を支える動機づけをどう高めるか

自律的な学習に求められる「動機づけ」について，理論と実践を伝える入門書。基本的な理論枠組みを整理した上で，小中高大の現場で取り組める実践例を合わせて紹介する。CLIL・EMI ほか注目の指導法にもフォーカス。

24659-9　A5・264 ページ　定価 2,970 円（本体 2,700 円＋税 10%）

動機づけを高める
英語指導ストラテジー35

ゾルタン・ドルニェイ 著　米山朝二・関昭典 訳

いかに生徒の意欲を引き出し，維持させるか？

「動機づけが今日，教師が直面する最も複雑で最も対応を迫られる課題であることは間違いない。」（Scheidecker and Freeman 1999: 116）本書では小学校から大学までどのレベルの教室でも実際に使える技術・工夫を，体系的かつ具体的に手順を追って示す。

24508-0　A5 判・224 ページ　定価 2,310 円（本体 2,100 円＋税 10%）

英語教育学大系6 成長する英語学習者
学習者要因と自律学習

大学英語教育学会 監修
小嶋英夫・尾関直子・廣森友人 編

学習者の研究からわかること──個別から統合へ

英語教育諸分野における研究成果を組織的・体系的に積み上げ，将来の研究の方向性を探るとともに，その成果を小・中・高・大の英語授業の改善に反映させることを目指したシリーズ。本巻では学習スタイル，動機づけ，学習ストラテジー，コミュニケーション方略，学習者オートノミー他の学習者要因研究を扱う。

14236-5　A5・288 ページ　定価 3,520 円（本体 3,200 円＋税 10%）

英語教育論文執筆ガイドブック
ジャーナル掲載に向けたコツとヒント

廣森友人 編著

学会ジャーナルに "掲載される" 論文を書くための「型」と「作法」

研究論文の基本的な構成や，研究方法別の論文の書き方のポイントを整理し，投稿から掲載までのプロセスに沿って，学会紀要誌に採用されやすい論文を書くためのノウハウを解説。査読コメントに対応した原稿修正方法の具体例も多数紹介。

24639-1　A5 判・178 ページ　定価 1,870 円（本体 1,700 円＋税 10%）

英語教育用語辞典　第3版

白畑知彦・冨田祐一・村野井 仁・若林茂則　著

現代の日本の外国語教育に必要なキーワードを厳選

語学教育誌や専門書に頻出する，英語／外国語教育学や第二言語習得研究に関連する項目についてわかりやすい具体例を示しながらコンパクトに解説。学生から教員まで外国語教育に関わる人すべてに必携の一冊。巻末付録：日本語索引，略語一覧

24628-5　四六判ビニール装・386 ページ
定価 2,750 円（本体 2,500 円＋税 10%）

英語科教育実習ハンドブック　第4版

加藤茂夫・杉山敏・荒木美恵子　著

英語教師を目指す教育実習生にとって必読の書

「教育実習に行く前」「教育実習先で」「実習を終えて」の3段階に分け，現代の学校現場に赴く教育実習生に必要な情報を網羅。授業観察のポイントや指導案作成の方法，ICT や UD など教育現場の実情も紹介。

24644-5　A5判・258 ページ　定価 2,420 円（本体 2,200 円＋税 10%）